PRAXIS
ideen
Schriftenreihe für
Bewegung, Spiel und Sport

Sportspiele

Mädchen spielen Fußball

Ein Lehrgang für Mädchen in Schule und Verein

Claudia Kugelmann / Yvonne Weigelt-Schlesinger

hofmann.

Bibliografische Information der Deutschen Nationalbibliothek

Die Deutsche Nationalbibliothek verzeichnet diese Publikation in der Deutschen Nationalbibliografie; detaillierte bibliografische Daten sind im Internet über http://dnb.d-nb.de abrufbar.

Bestellnummer 0391

© 2009 by Hofmann-Verlag, 73614 Schorndorf

Fotos: Michael Huber, Kathrin Hirschberger, Marit Möhwald.

Erschienen als Band 39
der PRAXISIDEEN – Schriftenreihe für Bewegung, Spiel und Sport.

Grafik, Layout und Satz: consekwent, Konzepte für Print und Web.

Druck und Verarbeitung: Druckerei Djurcic, 73614 Schorndorf
Printed in Germany · ISBN 978-3-7780-0391-6

INHALT

Kapitel

1

Vorwort

Einführung
- **Einleitung**

Fußballspielen –
eine Chance für Mädchen
- **Pädagogisches Konzept**
- **Sportspieldidaktische Gestaltung**

Vorwort Steffi Jones

Als ehemalige Nationalspielerin und jetzige Präsidentin des Organisationskomitees der FIFA Frauen-Welt-
meisterschaft 2011 in unserem Land freue ich mich
riesig auf das nächste Weltfest des Fußballs – diesmal
mit femininem Ausrufezeichen! Wir möchten die ein-
malige Chance nutzen, mit der ersten Frauen-WM,
die in Deutschland stattfindet, den Mädchenfußball
weiter nach vorne zu bringen. Und zwar langfristig.

Einen wichtigen Beitrag dazu leistet das Fußballpra-
xisbuch. Es beinhaltet sämtliche Themen, die für den
Mädchenfußball von Bedeutung sind. Besonders
freue ich mich, dass sich die beiden fachkompetenten

Foto: OK 2011/Kunz

Autorinnen mit der spannenden und zukunftsweisenden Themen-Kombination Schule und
Verein intensiv auseinandersetzen. Zielsetzung des Buches ist es, Möglichkeiten und
Übungsformen aufzuzeigen, die dazu beitragen, dass Mädchen Freude am Fußballspielen
entwickeln. Ohnehin müssen der Spaß und die Freude am Fußball immer im Mittelpunkt
stehen.

Ebenfalls vermittelt werden soll das gesellschaftliche Phänomen Fußball mit seiner weltum-
spannenden integrativen Kraft. Mir persönlich hat der Fußball zu Stärke und Selbstbewusstsein verholfen. Er war wesentlicher Teil meiner Schule des Lebens.

Ich wünsche allen Leserinnen und Lesern dieses Buches viel Spaß und tolle Erlebnisse mit
der für mich schönsten Sache der Welt: dem Fußball.

Herzlichst Ihre

Steffi Jones
Präsidentin Organisationskomitee
FIFA-Frauen WM 2011

Einführung

Chancen auf beiden Seiten, schnelle Konter, Pfostenschüsse und **Erfolgreich –** athletische Zweikämpfe, das alles konnte man beim Endspiel der **Fußballerinnen in** Frauenfußballweltmeisterschaft 2007 Deutschland gegen Brasilien **Deutschland** beobachten. Während dieses Großereignisses, aus dem die deutsche Nationalmannschaft als Weltmeister hervorging, waren immer wieder Namen wie Kerstin Garefrekes, Birgit Prinz, Nadine Angerer und Fatmire Bajramaj zu hören, die dadurch auch einer breiten Öffentlichkeit bekannt wurden. Sie und viele andere Frauen spielen Fußball aus Leidenschaft, erfahren dabei viel Lebensfreude und Selbstbestätigung, lernen mit Sieg und Niederlage umzugehen. Die Sportkarrieren der Nationalspielerinnen sind ein Beispiel dafür, dass Weiblichkeit und Fußballsport sehr wohl zueinander passen. Diese erfolgreichen Fußballspielerinnen können Vorbilder für viele Mädchen sein, die ihren eigenen Weg zu mehr Bewegungslust und Leistungsstreben im Sportspiel noch suchen.

Welchen Gewinn haben Mädchen und Frauen vom Fußball spielen? Wie können sie Fußball spielen freudvoll und effektiv lernen? Wodurch sollte ein sportspieldidaktisches Konzept zur Vermittlung des Fußballspiels bei Mädchen charakterisiert sein? Diese zentralen Fragen sind Thema des Buches „Mädchen spielen Fußball".

Im Deutschen Fußball Bund sind derzeit 1.002.605 weibliche Mit- **Mitglieder- und** glieder registriert. Damit wurde die Rekordzahl des Vorjahres noch **Mannschafts-** einmal um 47.417 übertroffen (vgl. DFB Mitglieder- und Mannschafts- **entwicklung im** Statistik 2008). Besonders erfreulich stellt sich in der aktuellen Mit- **DFB** gliederstatistik die Entwicklung im Mädchenfußball dar. Im Vergleich zum Vorjahr wurden 1233 Teams mehr und damit insgesamt 7525 Mädchen-Mannschaften zum Spielbetrieb in den 21 Landesverbänden angemeldet. Vor zehn Jahren waren es in dieser Altersklasse nur 3430 Teams. Eine weitere Bestmarke: Insgesamt 319.379 aktive Spielerinnen bis 16 Jahre sind in der DFB-Statistik 2008 aufgeführt (vgl. DFB Mitglieder-Statistik 2008).

Die Erfolge der Nationalmannschaft der Fußballfrauen haben sicher zur Steigerung des Interesses an dieser Sportart beigetragen. Vermutlich eifern jedoch viele Mädchen auch männlichen Idolen der Bundesliga und der Fußball Weltmeisterschaft 2006 in Deutschland nach. Diese Fußball WM hat erfreulicherweise sowohl männliche als auch weibliche Vorbilder präsentiert, denn neben männlichen Bundesligaprofis waren einige bekannte Nationalspielerinnen (z. B. Steffi Jones) in den Medien als Expertinnen gefragt und dadurch in herausragender Position öffentlich sichtbar.

Mädchenorientiertes Konzept der Fußballvermittlung

Die Frauenfußballweltmeisterschaft, die 2011 in Deutschland stattfindet, wird eine weitere Welle der Begeisterung für den Mädchen- und Frauenfußball hervorrufen. Im Hinblick auf dieses Großereignis ist es besonders wichtig, den Mädchen und jungen Frauen vielfältige Möglichkeiten zu eröffnen, an der spannenden Fußball-Welt teilzuhaben. Aus sportpädagogischer Sicht und unter der Perspektive der Mädchenparteilichkeit sollten Mädchen erfahren, dass sie ihre weibliche Identität über die Grenzen herkömmlicher Weiblichkeitsbilder hinaus ausweiten und so bisher vernachlässigte oder verborgene Potenziale entfalten können. Neben der Spielkompetenz und der Freude am Spiel sollen die Spielerinnen positive Ressourcen für die Entwicklung einer selbstbewussten Identität entdecken und nutzen lernen. Solche Lernprozesse können im *Schulsport*, im *Sportverein* oder von unterschiedlichen Anbietern während eines *Mädchenfußballcamps* angeregt und angeleitet werden. Orientiert an diesen sportpädagogischen Zielsetzungen muss der Vermittlungsprozess möglichst eng an den Interessen und Bedürfnissen der Mädchen anknüpfen und attraktive Lernsituationen anbieten. Das sportspieldidaktische Konzept, das der Unterrichtsreihe dieses Buches zugrunde liegt, erfüllt diesen Anspruch.

Die Unterrichtsvorschläge sind zunächst für reine Mädchengruppen gedacht. Sie können jedoch auch koedukativ durchgeführt werden, wenn die Qualitätsstandards für koedukativen Sportunterricht Beachtung finden (vgl. dazu Kugelmann, 2002). Das Ziel sollte darin bestehen, dass Jungen und Mädchen ganz selbstverständlich und gleichberechtigt miteinander Fußball spielen.

Gliederung des Buches

Die detaillierte Darlegung des Konzepts mit sportspieldidaktisch begründeten Lernschritten, Inhalten, Spielideen und Übungsaufgaben steht im Mittelpunkt dieses Bandes. Er gliedert sich in sieben Kapitel. In *Kapitel 1* werden die zugrunde liegende sportpädagogischen und sportspieldidaktischen Überlegungen skizziert. Anschließend folgt die praktische Anwendung in den *Kapiteln 2* bis *6*. Sie beinhalten erprobte Übungen und Spiele mit zahlreichen Variationsmöglichkeiten. Die Kapitel beziehen sich auf die folgenden Themenkreise:

- Der Ball – mein Freund (Kapitel 2)
- Miteinander spielen – Auf den Geschmack kommen durch einfache Spielformen (Kapitel 3)
- Fußball spielen – Können erweitern – Spielfreude steigern (Kapitel 4)

- Klassisches Fußballtraining – Mädchen trifft Fußballkultur (Kapitel 5)
- Vielfalt und Abwechslung bei der Begegnung mit dem Fußball (Kapitel 6)
- Anregungen für ein Mädchenfußballcamp (Kapitel 7).

Die Erläuterung der Praxisbeispiele beginnt jeweils mit einer Beschreibung des Ablaufs der einzelnen Stunden, ihrer Zielsetzungen und pädagogischen Schwerpunkte. Hier sind auch Überlegungen zur mädchensensiblen Gestaltung der Kurseinheiten zu finden. Eine übersichtliche grafische Darstellung der Übungsformen und Inhalte erläutert und präzisiert im Anschluss daran diese Ausführungen. Detaillierte Übungs- und Aufbaubeschreibungen sowie Übungsskizzen erleichtern es den Leserinnen und Lesern, die Unterrichtsreihe gemäß ihren sportspieldidaktischen Leitlinien in die Praxis umzusetzen.

Legende

Art der Aktionen		
Linie durchgezogen und gerade	●———▶	Pass, Schuss
Linie durchgezogen und gebogen	●⌒▶	Kopfball, Wurf
Linie durchgezogen und gewellt	●〜▶	Laufweg mit Ball am Fuß
Linie gestrichelt und gerade	●- - - -▶	Laufweg ohne Ball am Fuß
Aktionsfolge		
Linie hellblau	●———▶	Aktion(en) Nr. 1
Linie schwarz	●———▶	Aktion(en) Nr. 2
Linie blau	●———▶	Aktion(en) Nr.3

Fußballspielen – eine Chance für Mädchen

Pädagogisches Konzept

Was soll erreicht werden?

Die Zielsetzung dieses Buches ist es, Möglichkeiten und Übungsformen aufzuzeigen, die dazu beitragen, dass Mädchen:
- Freude am Fußballspielen entwickeln.
- Sich für das Fußballspielen als gesellschaftliches Phänomen und wichtiges Thema der modernen Sportkultur interessieren und sich damit auseinandersetzen.
- Eine nachhaltige Beziehung zu diesem wunderbaren Sport aufbauen und gestalten.
- Stark und selbstbewusst werden und ein positives Körperselbstbild finden.

Empowerment – Chancen und Möglichkeiten für Mädchen

Diese Ziele sollen dazu beitragen, dass Mädchen im Sinne des „Empowerment" (Zimmermann, 2000)[1] an den Chancen und Möglichkeiten dieser Sportart teilhaben können.

Durch Fußball-Schnupperstunden, durch die mädchenorientierten Themen der Unterrichtsreihe und Anregungen für ein Mädchenfußballcamp werden Chancen aufgezeigt, wie Mädchen auf unterschiedlichen Ebenen diese Ziele erreichen können. Man kann die Möglichkeiten, die das Fußballspielen bereithält, auf drei Ebenen ansiedeln, auf der
- individuellen,
- interaktionalen und
- gesellschaftlich-kulturellen Ebene.

Durch Teilhabe am Fußballsport Kompetenzen für's Leben entwickeln

Diese drei Ebenen sind es auch, die Zimmermann (1995) in das Zentrum seines Empowerment Konzeptes stellt, im Sinne der Hilfe zur Selbsthilfe. Empowerment ist nach Zimmermann (2000) ein Prozess in dem Menschen dazu befähigt und bekräftigt werden ihr Leben aus eigenem Antrieb zu meistern. Bezogen auf Mädchenfußball heißt das, dass Mädchen dazu ermuntert werden sollen in bisher männerdominierte Welten einzudringen und sich dort zu behaupten. Dies kann dann auf

---

1 Von Empowerment, einem Begriff aus der Sozialpsychologie, der in letzter Zeit gerade im Zusammenhang mit Gesundheit und geschlechtsorientierter Jugendarbeit zunehmende Bedeutung erlangt hat, spricht man, wenn Menschen nicht nur individuell in ihrer persönlichen und sozialen Entwicklung gestärkt werden, sondern darüber hinaus auch Kompetenzen erwerben, die es ihnen ermöglichen, sich in gesellschaftliche und kulturelle Prozesse teilhabend und gestaltend einzubringen. Die damit verbundene Bereicherung des Lebens trägt wiederum zu mehr Zufriedenheit und zur Stärkung allgemeiner Ressourcen bei.

andere Lebensbereiche übertragen werden und führt zu einer dauerhaften Stärkung von Kompetenzen und Ressourcen. Das Übernehmen von Verantwortung im Team verbunden mit dem Treffen von Entscheidungen, das gemeinsame Verfolgen eines Ziels mit den Mitspielerinnen, aber auch der faire Umgang mit den Gegnern und dem Schiedsrichter sind wichtige Lernprozesse auf individueller aber auch auf interaktionaler Ebene. Durch die Mitarbeit in Sportvereinen oder beim Ausrichten von Mädchenfußballcamps werden die Mädchen auf gesellschaftlich-kultureller Ebene in Entscheidungsprozesse miteinbezogen und somit nicht nur in sozialen Kompetenzen bekräftigt, sondern auch in den leider immer noch männerdominierten Fußballsport integriert. Ziele des vom Gedanken des Empowerment geleiteten Fußballspielens von Mädchen sind daher in Anlehnung an Zimmermann (2000):

- Die Chance zu bieten Erfahrungen zu sammeln, die Selbstkonzept und Selbstbewusstsein stärken, und Gelegenheiten zu liefern, in denen eigene Entscheidungen getroffen werden können (individuelle Ebene).
- Die Möglichkeit zu schaffen, Verantwortung und Führungsrollen im Team zu verteilen und anzunehmen, sowie gemeinsam Entscheidungen zu treffen und Probleme zu lösen (interaktionale Ebene).
- Strukturen zu schaffen, durch die über das Sporttreiben hinaus das Engagement in sozialen Einrichtungen und Vereinen im Rahmen des Mädchenfußballs ermöglicht und gefördert wird (gesellschaftlich-kultureller Ebene).

Im Einzelnen bedeutet Fußball spielen auf der *individuellen* Ebene einen Zugang zu attraktiven und wichtigen Bewegungs- und Körpererfahrungen: **Individuelle Chancen**

1. Einen Gegenstand – den Ball – mit Füßen geschickt manipulieren, d. h. einen Ball schießen, kontrollieren, stoppen, dribbeln.
2. „Bewegungskunststücke" erlernen, üben und vervollkommnen. z. B. eine Flanke schlagen, entschlossen springen, schnell und ausdauernd laufen, gelenkig und gekonnt fallen und abrollen oder den Fall beherrscht abfangen.
3. (Spiel-)Räume erobern, kontrollieren und erweitern – durch Orientierung auf dem Spielfeld, kluge Spielzüge und raumgreifendes Sich Bewegen und Ballaktionen.
4. Sich gegen den Widerstand einer Gegnerin entschlossen durchsetzen – durch zielstrebiges und entschlossenes Angreifen oder Verteidigen, ungeachtet entstehender Blessuren.
5. Sich dreckig machen, draußen sein bei Wind und Wetter. (vgl. Kugelmann & Möhwald, 2006; Kugelmann & Sinning, 2004).

Mädchen kämpfen um den Ball

**Über den
Fußballsport
sich selbst
kennen lernen**

Mit dem Ball spielen bedeutet auf der individuellen Ebene auch eine Chance, persönliche Entwicklungsaufgaben aktiv zu lösen, z. B.:

1. Die Lösung von den Eltern, weil der Fußballbetrieb eine Gelegenheit sein kann, raus zu kommen, weg vom „behüteten" Zuhause.

2. Die Entwicklung des Selbst, weil Fußball spielen das Gefühl vermittelt, etwas Besonders zu sein, etwas Eigenes zu haben, das mich von anderen unterscheidet und auszeichnet.

3. Die Entwicklung einer eigenständigen Geschlechtsidentität, weil Mädchen erfahren können, dass ihr Körper nicht nur für andere als „attraktives Objekt" existiert. Indem sie sich auf ein Sportspiel intensiv einlassen, erweitern sie die Grenzen traditionell weiblicher Sozialisation. Mädchen können im Spielen ihren Körper „für sich" gewinnen (vgl. Bourdieu, 2005).

Diese Themen eröffnen für Mädchen und junge Frauen, die sich zum ersten Mal in ihrer Bewegungsbiografie auf Fußball einlassen, Spielräume für ihre individuelle Entwicklung und stärken ihr Selbstbewusstsein. Fußballspielen kann hilfreich sein, soziale Rollenklischees und damit die historisch und gesellschaftlich bedingte, heute noch vielfach wirksame Benachteiligung des weiblichen Geschlechts zu verändern (vgl. SZ vom 30. 1. 2008, Wirtschaftsteil).

Fußballspielen bedeutet auf der *interaktionalen* Ebene einen Zugang zu wünschenswerten sozialen Erfahrungen: **Chancen durch Interaktion**

1. In der Gleichaltrigen-Gruppe einen anerkannten Platz haben – die Zugehörigkeit zu einer Mannschaft bedeutet, seine Rolle im Team zu entdecken und zu entwickeln.
2. In ein soziales Netz eingebunden sein – das gibt Sicherheit und Selbstvertrauen.
3. Zu denen gehören, die ähnlich empfinden und denken – gerade im Kindes- und Jugendalter kann dies die Orientierung im Leben erleichtern.

Auch das sind Erlebnisse, die das Selbstwertgefühl von Mädchen stärken und eine Basis für den Aufbau gleichberechtigter sozialer Beziehungen im Sport und außerhalb davon sind.

Fußballspielen bedeutet auf der *gesellschaftlich-kulturellen* Ebene die Teilhabe an einem öffentlich hoch angesehenen Handlungsfeld. Dessen außerordentliche Bedeutung spiegelt sich wider: **Teilhabemöglichkeiten auf gesellschaftlich-kultureller Ebene**

1. In der permanenten, dichten Präsenz des Phänomens Fußball in den Medien.
2. Im Stellenwert des Themas bei Alltagsgesprächen.
3. In der Aktivität einflussreicher Verbände, die an der Ausweitung der Sportart auf Mädchen und Frauen interessiert sind.
4. Im Erwerb und in der Ausgestaltung einer selbst bestimmten Teilhabe (Empowerment) an einer Männerdomäne.
5. In der Möglichkeit, sich damit aus den einengenden Zwängen traditioneller Weiblichkeitsbilder zu befreien.

Sportspieldidaktische Gestaltung

Was ist zu beachten, wenn Mädchen für das Fußballspielen gewonnen werden sollen, sodass ihr Interesse und ihre Freude daran nachhaltig erhalten bleiben? Wodurch ist ein sportspieldidaktisches Konzept zur Vermittlung des Fußballspiels bei Mädchen charakterisiert? Worauf kommt es an, damit die Spielerinnen im Sinne des „Empowerment" gefordert und gefördert werden?

Die meisten Mädchen sind im Laufe ihrer Bewegungssozialisation erst relativ spät oder gar nicht mit dem Fußball und mit dem Wettkampfgedanken in Berührung gekommen, weil Eltern, Kindergarten und Grundschule sie im Allgemeinen zu wenig zu solchen Erfahrungen ermutigt **Mädchen stärken!**

Die Mädchen schaffen sich Raum und setzen sich durch

haben (vgl. Kugelmann & Möhwald, 2006). Deshalb erleben Lehrkräfte und Trainer Fußball spielende Mädchen oft als ungeschickt, ihre Bewegungen als wenig Ziel führend, irgendwie nicht „fußballgemäß". Sie nehmen, als Folge dieser negativen Einschätzung, das Leistungsstreben dieser Mädchen nicht wahr und fordern sie nicht ernsthaft. Die von uns empfohlene Vorgehensweise bei der Vermittlung des Fußballspielens setzt an den *Stärken* der Mädchen an, an ihrer Bewegungs- und Spiellust, ihrem Lerneifer, ihrem Verstand und ihrem Teamgeist. Wichtig ist, dass Lehrpersonen die Mädchen kennen und ihre Bewegungsbiografie respektieren. Sie müssen gern mit Mädchen arbeiten, auch wenn diese auf den ersten Blick nicht so talentiert erscheinen wie die meisten Jungen.

An den Vorerfahrungen der Mädchen anknüpfen!

Um den unterschiedlichen Vorerfahrungen und Motiven der Mädchen gerecht zu werden, hat es sich in der Praxis des geschlechtssensiblen Sportspielunterrichts bewährt, Spielerinnen nach dem Grad ihrer Erfahrung mit einer Sportspielart, hier mit Fußball, zu unterscheiden und den Unterricht bzw. das Spielangebot entsprechend zu *differenzieren* (vgl. Kugelmann & Sinning, 2004).

In der Gruppe der *Erfahrenen* gibt es die leistungsorientierten Mädchen, die in Wettkampfrunden mitspielen und den Erfolg suchen. Interessant bei ihnen ist, dass Trainer und sogar auch Trainerinnen sich schwer damit tun, die wahren Motive der Sportlerinnen zu erkennen. Forschungsergebnisse aus dem Bereich der Talentförderung im Fußball weisen darauf hin, dass man die Leistungsmotivation bei Mädchen häufig unterschätzt und sie deshalb nicht adäquat fördert (Kugelmann, Röger & Weigelt-Schlesinger, 2008). Es gibt auch leistungsstarke aber weniger erfolgsorientierte Mädchen, die sich vor allem Spielspaß und Kontakte mit der peergroup wünschen.

Die Gruppe der *Unerfahrenen*, d. h. derjenigen, die erst spät oder noch **Differenzieren** gar nicht zum Fußball gefunden haben, ist im Schulsport sowie im **nach Könnens-** breitensportorientierten Angebot der Ganztagsschule und des Vereins **stand der Mäd-** sehr groß. Sie ist oft Quelle von Konflikten und Lehr-Lern-Problemen. **chen!** Auch in dieser Zielgruppe gibt es mehr oder weniger leistungsorientierte Mädchen und solche, die Erfahrungen aus anderen Sportspielen mitbringen, z. B. weil sie einige Jahre Basketball gespielt haben und nun zu einer Mädchen-Fußballmannschaft stoßen. Andere kommen aus der Leichtathletik oder vom Gerätturnen, wieder andere haben vorher kaum regelmäßig Sport betrieben, haben aber Lust und Motivation, nun richtig Fußball zu spielen und sich zu beweisen.

Darüber hinaus ist eine relativ hohe Anzahl derer zu beobachten, die dem sportlichen Spielen mit dem Ball, speziell dem Fußball *ablehnend* gegenüber „stehen", sei es wegen frustrierender Erlebnisse im Schulsport oder weil sportbetontes Spielen mit dem weiblichen Selbstbild und den bisherigen Erfahrungen ihrer Sozialisation wenig vereinbar zu sein scheint. Angst vor dem Neuen, Fremden und vor Misserfolg bestimmt die Haltung der Fußballspielverweigerer.

Diese unterschiedlichen Erfahrungsstufen charakterisieren meist das Bild von Mädchenteams im Schulsport oder im Anfängerbereich des Vereins und fordern von den Lehrpersonen ein hohes Maß an Geduld und Einfühlungsvermögen, aber auch an Fachkenntnis und Erfahrung. Wenn das Fußballtraining oder der Fußballunterricht an den Bedürfnissen der beteiligten Sportlerinnen vorbei geht, sind Ablehnung und Misserfolge vorprogrammiert. Deshalb müssen für den Sportspielunterricht mit Unerfahrenen oder stark heterogenen Gruppen die besten, fachlich und pädagogisch kompetentesten Lehrpersonen zum Einsatz kommen! Das vorliegende Konzept der Vermittlung des Fußballspielens enthält didaktische Anregungen, mit der beschriebenen Heterogenität und geschlechtstypischen Sozialisation der Mädchen adäquat und Ziel führend umzugehen.

Was bedeutet spielen für unerfahrene Mädchen? Unerfahrene Spiele- **Anfängerinnen im** rinnen scheinen aus Expertensicht zahlreiche unproduktive Spielhand- **Fußball – subjek-** lungen hervorzubringen. Der Schein trügt jedoch. Für diese Spiele- **tive Bedeutungen** rinnen haben ihre Aktionen eine subjektive Bedeutung, auch wenn sie sich dessen meist nicht bewusst sind. Beispiele mögen dies illustrieren: Viele Mädchen laufen ständig auf dem Spielfeld herum, weil sie die komplexen Laufwege von geübten Fußballspielern aus der Position der Zuschauerin heraus nicht verstehen und meinen, das permanente Umherlaufen gehöre eben zum Fußballspielen. Sie spielen den Ball gleich nach der Annahme wieder ab – meist aus Verlegenheit, nicht wissend, wo er hinzuspielen wäre. Sie schießen ihn mit voller Wucht in Richtung Mitspielerin, weil sie das Gefühl haben, nur mit viel Kraft könne er überhaupt so weit befördert werden. Sie bemühen sich nicht, den Ball wieder zu erobern, weil sie die Effektivität dieser Aktion für den Erfolg der eigenen Mannschaft nie erfahren und kein Gefühl für das hier richtige „Timing" haben. Sie sind irritiert, wenn durch Ballverlust oder Fehlschuss ihre Angriffsaktion plötzlich unterbrochen und stattdessen die Verteidigung und Abwehr des gegnerischen Angriffs erforderlich wird. Die rasche Umstellung von Angriff auf Verteidigung und umgekehrt gelingt nicht, weil die Orientierung auf dem Spielfeld noch schwierig ist.

Spielen statt Techniken üben!

Das Einüben bloßer Techniken allein kann diese Gewohnheiten nicht verändern. Wenn Grundfertigkeiten des Fußballspiels – passen, stoppen, dribbeln, schießen – unabhängig vom Spielgeschehen erlernt werden, ist deren Übertragung in die Komplexität des Spielgeschehens schwierig, ja fast unmöglich. Als Teil eines mehrköpfigen Teams, dessen Mitglieder sich in unüberschaubarer, ständiger Bewegung befinden, im Trubel des Kampfes um den Ball, bedrängt von den Gegenspielerinnen, unter dem im Spiel oft vorherrschenden Erfolgsdruck und begleitet von der Angst, sich durch Ballverlust zu blamieren, gelingen auch gut geübte Handlungen mit dem Ball nicht mehr.

Um Mädchen für ein gelingendes Spielerlebnis fit zu machen, muss die Vermittlung spielerischer Fähigkeiten und Fertigkeiten an den (oft misserfolgsgeprägten) *Vorerfahrungen* der Mädchen anknüpfen und in Zusammenhang mit realistischen Spielsituationen gebracht werden. Das Dribbling sollte z. B. von Anfang an als adäquate Möglichkeit Raum zu gewinnen und sich gegen eine andere Spielerin ohne Ballverlust durchzusetzen, erfahren und geübt werden. Und das Tore schießen muss als Spielhandlung begriffen werden, sich eine Lücke in der Abwehr zu schaffen, sie zu nutzen und entschlossen zum Tor durchzuziehen.

Orientierung im Raum

Eine unabdingbare Voraussetzung für gelingendes Spielen ist zudem, dass Spielerinnen sich auf dem Spielfeld orientieren lernen – dass sie wahrnehmen, wo freie Räume nutzbar sind, um sich freizulaufen und anspielen zu lassen; dass sie gleichzeitig wissen, wo sich der Ball, die Mitspielerin, die Gegenspielerin und das Ziel, das Tor, befinden; dass sie das eigene Verhalten – Laufen, Stehen bleiben, abspielen, oder dribbeln – an diesen aktuellen Gegebenheiten ausrichten. Die Erfahrung, solche Spielaufgaben erfolgreich bewältigen zu können, enthält

Verschiedenartige Bälle

letztlich die Chance, die Persönlichkeit und (weibliche) Identität zu stärken und zu entwickeln.

Unser Vermittlungskonzept ist eng an das so genannte *genetische Lehr-Lern-Konzept* der Sportspieldidaktik angelehnt, wobei die Lernenden am ursprünglichen Spielproblem arbeiten und selbsttätig Lösungsstrategien für die damit verbundene Aufgabe entwickeln. Dabei wird ganz besonders das „sokratische Prinzip" in den Vordergrund gerückt. Die Lehrperson greift problematische Spielsituationen heraus, friert sie ein – „freezing", erklärt die Sachlage und fragt die Spielerinnen selbst nach adäquaten Lösungsmöglichkeiten. So werden die Einsichtsfähigkeit, das Spielverständnis und die Selbstständigkeit der Spielerinnen gefordert. Die Lehrpersonen unterstützen und lenken die Lernenden indirekt (vgl. Wagenschein, 1991; Loibl, 2001).

Leitideen – wichtige Bestandteile des Vermittlungskonzepts für Mädchen

Auch die „Philosophie der *Ballschule*" (Roth, Kröger & Memmert, 2002) findet Eingang in das sportspieldidaktische Konzept zur Vermittlung des Fußballsports für Anfängerinnen. In diesem Sinne sollen Teilnehmerinnen vor allem wieder frei Spielen lernen, Spielsituationen erfassen, Chancen der Spielgestaltung wahrnehmen und verstehen, wie sie zu nutzen sind. Außerdem erlangen sie Verständnis für den Umgang mit und den Sinn von Spielregeln (vgl. dazu Kröger & Roth, 1999, S. 10 ff.).

Darüber hinaus haben wir uns von den Überlegungen von Wein (2007) anregen lassen, der speziell für junge Spielerinnen und Spieler unter 10 Jahren ein *„Fußball-Entwicklungs-Modell"* entworfen hat. In dem Handbuch „Developing Youth Football Players" geht es um ein Konzept der spielgemäßen Vermittlung dieser Sportart, das altersgemäß – „age-appropriate Football" und entwicklungsgemäß „the natural development of young players" – angelegt ist und sich vorrangig an den

Über die Grenzen schauen!

Stärken der jungen Sportlerinnen und Sportler orientiert. Die in diesem Werk vorgeschlagenen Übungs- und Spielaufgaben entsprechen den Bedürfnissen und Interessen junger, unerfahrener Fußballspieler. Sie eignen sich wegen der Betonung von Erfolgserlebnissen beim Lernen grundsätzlich für die Adressatinnen unseres Lehrgangs – die bisher im Fußball eher unerfahrenen, häufig bereits von sportlichen Misserfolgen geprägten Mädchen.

Überblick
Leitlinien

Zusammenfassend sind folgende *sportspieldidaktische Leitlinien* herauszustellen:
- Adressaten bezogen arbeiten (Spielanfängerinnen, Fortgeschrittene, Ambitionierte, Skeptische), d. h. an Vorerfahrungen anknüpfen, Unterricht öffnen (für passende Ziele, Aufgaben und Methoden).
- Auf die Wünsche und Bedürfnisse der Spielerinnen eingehen (Zuwendung, Einfühlung, Geduld und Beständigkeit, Mädchenorientierung).
- Stärken entdecken und ausbauen, Misserfolgserlebnisse eher vermeiden – unbedingt aber konstruktiv aufarbeiten.
- Regeln im Spielzusammenhang verstehen und kennen, Regeln je nach Spielsituation und Spielthema/Spielabsicht verändern.
- Das Üben mit dem Ball an bestimmten Spielszenen orientieren (zur Herstellung eines nachvollziehbaren Sinnzusammenhangs).
- Spielen von Anfang an, (weil gerade Mädchen die Spielerfahrung fehlt) – nach dem Motto: die Komplexität der Spielsituation erhalten, dabei jedoch die technischen Anforderungen gemäß dem Könnensstand der Teilnehmerinnen didaktisch reduzieren (in Anlehnung an das Konzept der Ballschule von Roth, Kröger & Memmert, 2002).
- Anregen zur Selbstständigkeit und zum Mitdenken (Wechsel von Machen und Denken).

Einsatz-
möglichkeiten

Alle im Folgenden vorgestellten Einzelstunden orientieren sich an den dargestellten Leitlinien. Der angestrebte Vermittlungsprozess vollzieht sich mit und durch Reflexionsphasen, Bewegungsaufgaben, Problemstellungen und Übungen, die ihrerseits in Bezug zu Spielsituationen stehen. So können bei den Lernenden Handlungsschemata entwickelt werden und der Bezug von individueller Wahrnehmung und beobachtbaren Bewegungshandlungen im Lehr-Lern-Prozess genutzt werden. Die Themen der Praxiseinheiten erstrecken sich – je nach Lernstand und spezieller Situation vor Ort – z. T. über mehrere Stunden hinweg, müssen also nicht in einer Unterrichtseinheit behandelt werden. Die Themenvorschläge können dementsprechend beliebig und in unterschiedlicher Reihenfolge ausgestaltet und immer wieder neu aufgegriffen werden.

Bei der Gliederung der Unterrichtseinheiten empfehlen wir, die übliche **Unterrichts-** formale Einteilung in Aufwärmen, Hauptteil und Schluss(-spiel) zu **einheiten anders** vermeiden, sondern sich mit dem jeweiligen „Thema" in folgenden **angehen!** Schritten zu befassen:

- In Szene setzen.
- Zur Sache kommen.
- Die Sache reflektieren.
- Die Sache variieren und vertiefen.
- Eine Aufgabe/Perspektive über die Stunde hinaus geben.

Die Aufgaben in den einzelnen Abschnitten der Einheit sollen jeweils am Thema orientiert sein und miteinander in einem sinnvollen Zusammenhang stehen. Im Begriff „Thema" ist der Sinn, die Perspektive oder die Absicht formuliert, mit der die „Sache" – das Fußballspielen und seine verschiedenen Anforderungen – vermittelt werden. So steht z. B. im ersten Thema des Lehrgangs „Den Ball als Freund erfahren" der vielfältige, geschickte, spielerische Umgang mit dem Ball allein und mit/gegen Partnerin im Mittelpunkt der Lehr-Lern-Einheit, mit dem Ziel, vorhandene Berührungsängste zu vermindern und sich so allmählich mit dem Spielgerät „anzufreunden". Alle Übungen und Spielideen sind auf dieses Thema hin ausgerichtet und können beliebig in diesem „Sinne" ergänzt und variiert werden.

Der Ball – mein Freund

Kapitel

2

Der Ball – mein Freund

Mädchen haben häufig Angst vor dem Ball – vor seiner Härte, seinem plötzlichen Auftauchen, seinem unberechenbaren Verhalten. Deshalb vermeiden sie Ballkontakte, bieten sich nicht zur Ballannahme an oder geben das Spielgerät rasch weiter. Mädchen fürchten auch oft, etwas falsch zu machen und demzufolge am Misslingen eines Spiels schuld zu sein – sie vermeiden den Ballkontakt eher, als dass sie ihn suchen. Andere Mädchen wiederum sind eifrig bestrebt, den Ball zu bekommen. Haben sie ihn jedoch, dann verlieren sie ihn durch Ungeschicklichkeit oder weil eine Mitspielerin stört.

Anfängerinnen – mit dem Ball auf Kriegsfuß?

Die unerfahrenen Spielerinnen sollen deshalb bei den ersten Ballkontakten vielfältige Erfahrungen im Umgang mit dem Ball in der Bewegung sammeln. Dazu wird mit verschiedenen Bällen (Fußbälle, Basketbälle, Tennisbälle, Flummis, Rugby-Eier, usw.) geübt. Hierbei ist es sinnvoll, dass die Spielerinnen eigenständig herausfinden, wie der Ball am Besten in der Fortbewegung zu kontrollieren ist. Irrwege sind durchaus erwünscht und tragen dazu bei, eine persönliche Lösung für das Problem der Ballführung und -beherrschung zu entwickeln. Im Anschluss an das Üben in vielfältigen Situationen werden Lösungsvorschläge zusammengetragen und reflektiert. Die effektivsten Varianten für die einzelnen, unterschiedlich erfahrenen Mädchen werden heraus gearbeitet (Individualisierung). Im weiteren Verlauf werden die verschiedenen Möglichkeiten vertieft und gefestigt. Jedes Mädchen kann während der Übungen zunächst einen Ball entsprechend ihrer individuellen Voraussetzungen und Bedürfnisse wählen, sollte dann aber verschiedene Bälle benutzen – denn die Vielfalt der Erfahrung unterstützt den Lernprozess. Das Lernen ist damit an die eigenen Bewegungskompetenzen angepasst.

Die Angst vor dem Ball nehmen!

In Szene setzen – Mädchen und der Ball

1. Schritt: Die eigene Bewegungskarriere kennen lernen
Viele Bälle liegen auf dem Hallenboden herum. Die Mädchen, die hereinkommen, setzen sich meist gleich auf eine Bank und schauen die Szene skeptisch an. Nur wenige nehmen einen Ball und spielen mit dem Fuß oder der Hand damit. Die Lehrperson beginnt die Stunde mit einem Sitzkreis und greift in einem kurzen Gespräch diese Beobachtung auf, z. B.: „Warum fühlt ihr euch durch diese schönen Bälle nicht eingeladen, gleich damit zu spielen?" Die Antworten weisen vermut-

Bewegungskarrieren der Mädchen erkunden

Mädchen und der Ball

lich auf Gewohnheiten aus dem Schulsport, auf Hemmungen und negative Erfahrungen hin. Es wird deutlich, dass diese Verhaltensweisen mit den Lebenserfahrungen der Mädchen zu tun haben, also mit ihrer weiblichen Sozialisation.

Zur Sache kommen – Experimentieren

2. Schritt: Vielfältige Ballerfahrungen
Anknüpfend an die Gesprächsbeiträge erklärt die Lehrperson die erste Aufgabe (siehe Übung: Ballgewöhnung). Die einzige Einschränkung der Bewegungsaufgabe lautet, den Ball nicht zu halten. Dribbeln und Prellen mit den Händen ist dementsprechend auch denkbar (Motto: anknüpfen an Vorerfahrungen, Erfolgserlebnisse ermöglichen). Darüber hinaus gibt die Lehrperson den Mädchen die Aufgabe, herauszufinden, welche Möglichkeiten es gibt, den Ball mit dem Fuß zu führen.

Der Ball wird zum Freund

Weitere Übungen dieser Art dienen dazu, dass sich die Mädchen mit ihrem gewählten Ball im Raum bewegen und die Aufgaben der Ballführung lösen können, während langsam das Anforderungsniveau erhöht wird. Bei der Konzipierung der Übungen soll das Augenmerk nicht zu stark auf technische Feinheiten gelegt werden. Vielmehr sind die Aufgaben in komplexe Handlungszusammenhänge einzubinden. So könnte z. B. in einem Fußballschnupperkurs, wenn sich die Mädchen noch nicht kennen, das Experimentieren mit dem Ball mit dem Kennenlernen verbunden werden. Damit können fließende und unverkrampfte Bewegungen hervorgerufen werden. Die Spielerinnen dribbeln z. B. durch die Halle und begrüßen die ihnen begegnenden Mädchen. Sie stellen sich gegenseitig mit dem Ball am Fuß vor und müssen beim Dribbeln Fragen an die anderen Mädchen stellen. Beim Spiel

„Wer bin ich" geht es darum, herauszufinden, welche fußballspezifische Person/welchen Begriff ein Mädchen darstellt. Eine andere Möglichkeit, eine konstruktive Lernatmosphäre herzustellen, besteht darin, mit Musik und anregenden Rhythmen (z. B. Salsa aus dem Fußballland Brasilien) das Üben zu begleiten. Die Mädchen sollen so von Beginn an spielerisch und freudvoll den Umgang mit dem Spielgerät Fußball erlernen.

Reflexion – begreifen, was wichtig ist

3. Schritt: Neue Möglichkeiten kennen lernen
In einer kurzen Gesprächsrunde werden Ideen zu den durchgeführten Übungen gesammelt, demonstriert und diskutiert. Die als gelungen eingestuften Ideen werden nachgeahmt.

Die Sache variieren

4. Schritt: Präzisieren und die Schwierigkeit steigern
Im Anschluss an diese grundlegenden Erfahrungen sind die Teilnehmerinnen nun gefordert, ihren Ball in der Bewegung vor Angriffen zu schützen bzw. ihn gezielt um Gegenstände oder Hindernisse zu manövrieren. Es kann vorkommen, dass die Mädchen, wie es bei Anfängerinnen zu erwarten ist, mit der Aufgabe, ihren Ball gegen Angriffe von außen zu schützen, schnell überfordert sind. Es kommt möglicherweise die Frage auf: „Wie kann ich meinen Ball behalten, obwohl ihn eine andere Spielerin erobern will?" Dies kann gemeinschaftlich erörtert werden. Die Lehrperson kann die Mädchen so auf die „zündende" Idee bringen: Der Körper muss zwischen Ball und Gegner als „Schutzschild". Mit diesem Bild im Kopf können die Mädchen wieder an die Übungen gehen, um es erneut zu versuchen. Anfängerinnen haben oft Hemmungen ihren Körper gegen andere zum Schutz ihres Balles einzusetzen. Vermutlich haben sie ihren Körper bisher nie als ein starke „Mauer" erfahren, die einen Ball vor fremden Einflüssen bewahren kann. Deshalb müssen sie sich mit dieser Art von Körpereinsatz erst vertraut machen und ihn gegen Andere wagen.

Nachdenken, probieren und variieren

Bei weiteren Aufgaben sollen die Mädchen die Bälle um Hindernisse und Gegenstände dribbeln und beim „Liniendribbeln" oder beim „Stadionbesuch" mit dem Ball am Fuß schnellstmöglich Distanzen überwinden. All diese Übungsarrangements dienen dazu, dass die Mädchen unterschiedliche Erfahrungen mit dem Ball machen, sicherer im Umgang mit ihm in der Bewegung werden und ein Verständnis für die Eigenschaften von Bällen bekommen.

Reflexion – über die Stunde hinaus

Hausaufgabe!

5. Schritt: Den Lernerfolg sichern
Die Erfahrungen der Stunde werden ausgetauscht, verglichen, bewertet. Die Mädchen werden aufgefordert, auch zuhause und auf dem Schulhof, bei jeder sich bietenden Gelegenheit, mit einem Ball am Fuß zu spielen und zu üben. Die Lehrperson erläutert, welches Thema für die nächste Stunde geplant ist.

Die Praxiseinheiten im Überblick

Thema der Einheit: Den Ball als Freund erfahren

ZIELE:
Vielfältige Erfahrung im Umgang mit Bällen in der Bewegung machen; sich kennen lernen; Sicherheit mit dem Ball in der Bewegung gewinnen

DAUER: 1.5 h

MATERIAL:
Fußbälle, Handbälle, Volleybälle, Flummis, Tennisbälle, Rugby-Eier, Hallenfußbälle, Luftballons, Minibälle, Kastenteile, Reifen, Langbänke und Kästen, Karteikarten mit Namen/Begriffen

HINWEIS:
Jedes Mädchen kann gemäß den eigenen Vorlieben und Erfahrungen einen Ball auswählen und die Übungen damit durchführen. Sie lernen so entsprechend ihrer vorhandenen Bewegungserfahrungen und erweitern diese. Die meisten der folgenden Übungs- und Spielvorschläge sind dem Themenheft „Mädchenfußball" der Zeitschrift „sportpädagogik" (Kugelmann, C. & Sinning, S. 2004) entnommen.

In Szene setzen – Mädchen und der Ball

1. Schritt: Die eigene Bewegungskarriere kennen lernen
Bälle sind im Raum verteilt – wie verhalten sich die Mädchen dazu?
Gesprächsrunde über individuelle Erfahrungen mit Bällen

Zur Sache kommen – Experimentieren

2. Schritt: vielfältige Ballerfahrungen
a) Nimm dir einen Ball und bewege dich damit im Raum

Die Art und Weise ist frei gestellt. Der Ball darf nur nicht gehalten
werden. Dribbeln, prellen, tippen usw. mit der Hand sind erlaubt. Freies

Bewegen im Raum und Experimentieren mit den Bällen. Lehrperson gibt Anregungen.

Variation 1 „Versuche den Ball nur mit dem Fuß zu führen. Welche Möglichkeiten gibt es?" Experimentieren. Welche Möglichkeiten existieren, welche sind sinnvoll für das Fußballspiel und warum? Gemeinsames Erarbeiten der Fußballtechnikformen und ihr erneutes Erproben und Üben.

Variation 2 „Begrüße die Mädchen, die dir begegnen, und stelle dich vor." Freies Bewegen im Raum mit Ball. Die entgegenkommenden Mädchen werden begrüßt und man stellt sich mit Namen, Alter und Hobbies vor. Kennenlernen der Mädchen untereinander und Ablenken der Aufmerksamkeit weg vom Ball.

Variation 3 Die Mädchen tauschen nun mit den ihnen begegnenden Mädchen die Bälle.

b) Wer/Was bin ich?
Bewege dich mit dem Ball am Fuß durch den Raum und finde heraus wen/was du darstellst. Mädchen dribbeln durch die Halle (freie Ballwahl) und haben einen Fußballbegriff (z. B. Elfmeter, Michael Ballack, Birgit Prinz, WM 2011, usw.) auf ihren Rücken geklebt. Sie müssen ihren Begriff erraten. Erlaubt sind nur Fragen, die mit Ja oder Nein beantwortet werden können und pro Begegnung immer nur eine Frage von jedem der beiden Mädchen, dann müssen sie zur Nächsten weiter dribbeln.

Reflexion – begreifen, was wichtig ist

3. Schritt: Neue Möglichkeiten kennen lernen
„Worauf musst du achten, damit du den Ball sicher führen kannst und nicht so schnell verlierst?" Vormachen verschiedener Lösungen.

Die Sache variieren

4. Schritt: Präzisieren und die Schwierigkeit steigern
c) Balldiebin

Die Mädchen bewegen sich mit ihrem Ball im Raum. Ausnahme: drei Mädchen haben keinen Ball, die Balldiebinnen. Sie versuchen, den anderen Mädchen ihre Bälle wegzuspielen. Rollentausch nach ca. einer Minute.

„Schütze deinen Ball und versuche den anderen Mädchen ihren Ball **Variation** wegzuspielen." Jedes Mädchen ist gleichzeitig Ballführende und Balldiebin.

d) Dribble um, durch und mit den Hindernissen
Kastenteile und Langbänke werden in der Halle verteilt. Einige Kastenteile stehen auf dem Kopf, sind gekippt, die Mittelteile auf die Seite gestellt oder einfach offen gelassen. Die Langbänke sind auf die Seite gekippt und in der Halle verteilt. Auf das Kommando der Trainerin dribbeln die Mädchen durch die Halle und schießen gegen die Hindernisse und nehmen den Ball wieder mit.

Variation 1   Die Mädchen spielen an den Geräten vorbei und versuchen diese zu überwinden, ohne den Ball aus den Augen zu lassen.

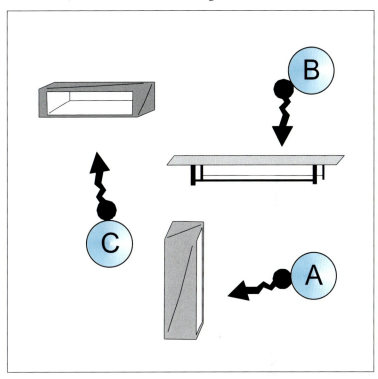

Variation 2   Die Mädchen versuchen, den Ball über die Gegenstände zu lupfen. Das „Wie" ist freigestellt.

Variation 3   Die Art der Ballführung wird von der Lehrperson vorgegeben, also mit dem linken Fuß, mit der Innenseite, Außenseite, usw.

e) Liniendribbeln

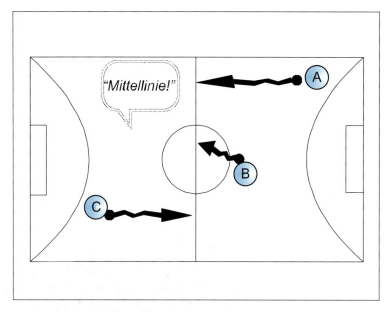

Mädchen dribbeln mit dem Ball durch die Halle. Auf ein Signal hin dribbeln sie schnellstmöglichst zu einer bestimmten Linie oder Linien einer bestimmten Farbe.

Der Ball darf nur entlang bestimmter Hallenlinien, nur mit der Innen-/ **Variation** Außenseite und nur rückwärts oder seitwärts geführt werden.

f) Stadionbesuch

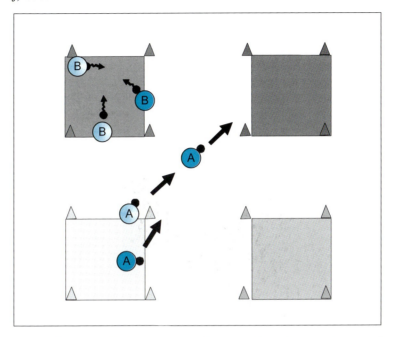

Es werden vier gleich große Quadrate quadratisch angeordnet und mit farbigen Hüttchen markiert (blau, grün, gelb und rot). Die Mädchen werden auf die zwei Stadien verteilt und jede hat einen Ball. Jede Gruppe bewegt sich innerhalb ihres Stadions mit dem Ball. Auf Zurufen laufen die Gruppen in ein anderes Stadion, z. B. Gruppe 1 läuft ins Stadion von Werder Bremen (=grün) und Gruppe 2 ins Stadion von Bayern München (=rot) oder sie laufen nacheinander. Die Mädchen müssen mit Ball so schnell wie möglich in das neue Stadion laufen und dabei evtl. entgegenkommenden Spielerinnen ausweichen.

Variation   In jedem Stadion wird der Ball anders geführt (Innenseite, Spann, etc.)

Reflexion – Über die Stunde hinaus

5. Schritt: den Lernerfolg sichern
Was habt ihr heute gelernt? Was hat am meisten Spaß gemacht? Wo hattet ihr noch Schwierigkeiten? Spielt mit dem Ball am Fuß so oft ihr könnt!

Miteinander spielen – auf den Geschmack kommen durch einfache Spielformen

- In Szene setzen – Einstimmung und Konfrontation
- Reflexion – Erfahrungen benennen und einordnen
- Zur Sache kommen – auf der Suche nach dem eigenen Spiel
- Die Sache variieren – unterschiedliche Themen des Fußballspielens
- Die Praxiseinheiten im Überblick

Kapitel

3

Miteinander spielen – auf den Geschmack kommen durch einfache Spielformen

Spielerinnen mit wenig Erfahrung sind gezwungen ihr Fußballspiel mit den ihnen zur Verfügung stehenden Mitteln zu gestalten. Meist kann man beobachten, dass zu Beginn kein wirklicher Spielfluss stattfindet und es an torgefährlichen Situationen und Erfolgserlebnissen mangelt. Diese Beobachtung kann im anschließenden Gespräch über das Spiel mit den Mädchen reflektiert und thematisiert werden. Es folgt die Umsetzung gefundener Lösungsvorschläge durch verschiedene Änderungen (genetisches Lernen). Auf die damit verbundene didaktische Reduzierung der Technikanforderungen oder der Komplexität des Spiels und auf die Erkenntnisse aus der Reflexion bauen alle weiteren Schritte der handlungsorientierten Vermittlung auf.

Über das Spiel zum Spielen

Nachdem die Mädchen – sozusagen zum Aufwärmen – mit dem Ball experimentiert haben und an die Erfahrungen der letzten Stunde anknüpfen konnten, wird eine Begegnung, genauer: eine Konfrontation mit der komplexen Spielidee des Fußballs inszeniert.

In Szene setzen – Einstimmung und Konfrontation

1. Schritt: Aufwärmen und Vorbereiten
Zur mentalen Einstimmung auf das Spielen machen die Mädchen beim Kegelfußball Bekanntschaft mit einer dem Fußballspiel ähnlichen Spielidee und können durch die Einfachheit der Regeln (mit Fuß und Hand) an die Erfahrung, dass der Ball ein Freund sein kann, anknüpfen.

Einfache Regeln zu Beginn

2. Schritt: Das Auftaktspiel
Das anschließende sog. „Auftaktspiel" fordert von den Mädchen, sich auf eine ganz andere Erfahrung einzulassen – auf eine erste, spontane Konfrontation mit der Komplexität und Härte des „richtigen" Fußballspiels. So sollen die Lernenden typische Spielprobleme von Unerfahrenen am eigenen Leib spüren, um zu begreifen, an welchen Spiel- und Bewegungsproblemen sie ansetzen könnten, um sich diese „harte" Realität allmählich zu erschließen. Es kann z. B. 6:6 auf einem Hallenfeld mit Handballtoren gespielt werden. Die Lehrpersonen, aber auch pausierende Spielerinnen sollten aufmerksam die Spielsituationen sowie auftretende Schwierigkeiten und Probleme während des Spiels beobachten. Es werden sich möglicherweise die üblichen „Anfängerfehler"

Am Unterschied lernen

einstellen, die aber als Ausdruck fehlender Erfahrung und als Lernanlässe interpretiert werden sollten:
- Häufige Ballverluste durch Fehlpässe oder technische Mängel.
- Kaum Spielfluss.
- Ineffektive Laufwege.
- Fehlende Torschüsse.
- Überlegenheit der Abwehr.

Dies wird vermutlich bei den Mädchen neben Spielfreude Frustration aufkommen lassen, weil das Spiel nicht so läuft, wie sie es sich wünschen – eine fruchtbare Ausgangssituation, um gemeinsam Verbesserungsmöglichkeiten zu überlegen.

Reflexion – Erfahrungen benennen und einordnen

Spielanalyse und Konsequenzen

3. Schritt: Aufbereitung des Spiels
In einer Gesprächsrunde mit den Spielerinnen sammelt die Lehrperson die unterschiedlichen Eindrücke und Erfahrungen. Die Reflexion sollte die bei den Mädchen aufgetretenen Probleme sichtbar machen:
- Was war gut gelungen?
- Was ist aufgefallen?
- Welche Probleme gab es?
- Wie kam es dazu?
- Was hat gefehlt?
- Warum gab es so viele Ballverluste?

Die Mädchen sollen in der Reflexion möglichst selbstständig auf die Antworten kommen, Spielzusammenhänge erkennen und Lösungsideen für die aufgetretenen Schwierigkeiten und Hindernisse finden. Folgende Veränderungen im Sinne der Spielidee des Fußballspiels bieten sich – im Rahmen einer *didaktischen Reduktion* – an:
- *Verringerung der Spielerinnenanzahl* auf dem Feld und/oder Vergrößerung des Spielfeldes. Als Konsequenz ergibt sich für die Spielerinnen mehr Freiraum für die Ballan- und -mitnahme und eine leichtere Orientierung auf dem Spielfeld. Die Aktivität der Spielerinnen steigt, sie erleben erste Erfolge.
- *Vereinfachung der technischen Anforderungen* im Spiel. So dürfen die Spielerinnen z. B. den Ball mit der Hand stoppen, entweder richtig fangen oder auch nur abtropfen lassen. Danach wird der Ball ganz normal weiter gespielt. Es ist auch denkbar eine Regel einzuführen, die besagt, dass eine Spielerin erst angegriffen wer-

den darf, wenn sie den Ball gestoppt und unter Kontrolle gebracht hat. Alternativ dazu können auch Linien oder Markierungen festgelegt werden, ab denen die Ballbesitzende angegriffen werden darf.

*   *Vergrößern der Tore/Ziele*. Diese Abänderung erlaubt es den Angreiferinnen, Fernschüsse zu versuchen und zwingt dadurch die Verteidigerinnen zum offensiven Einschreiten. Diese Dynamik öffnet Lücken und bietet die Chance eines erfolgreichen Angriffs. Die Erfolgserlebnisse stellen sich auf beiden Seiten häufiger ein.

Zur Sache kommen – auf der Suche nach dem eigenen Spiel

4. Schritt: Technische Anforderungen reduzieren – anspruchsvolle Spielidee beibehalten

Neues Spiel, neues…

Verschiedene Vorschläge aus der Gesprächsrunde werden in die Tat umgesetzt. Kleine Teams werden gebildet. Bei leistungsheterogenen Gruppen können Erfahrene (sie lernen dazu in ihrer Rolle als Vorbild) und weniger Erfahrene (sie lernen durch Mitmachen und Abschauen) sich in dieser Phase gut ergänzen. Aber auch leistungshomogene Kleingruppen können sinnvoll sein, wenn die Erfahrenen ihre Spielräume erweitern, die Anfängerinnen ihre Möglichkeiten entdecken. Die Lehrperson entscheidet dies, in Absprache mit den Teilnehmerinnen, je nach der gegebenen Situation und Lernphase.

So begreifen die Mädchen Schritt für Schritt worauf es ankommt, damit ein Spiel gelingt, spannend ist und Freude macht: auf die Ausgewogenheit der Kräfte in Angriff und Abwehr, auf Überblick und Orientierung, auf Raum greifende Bewegungen, auf die Chance und den Willen zum Tor. Diese Erkenntnis ist eines der wichtigsten Ziele des Lehrgangs.

Die Sache variieren – unterschiedliche Themen des Fußballspielens

5. Schritt: Spielprobleme differenzieren und lösen

Aufbau der Unterrichts- einheiten

Die Thematik des Kapitels 3 „Auf den Geschmack kommen" kann nun über mehrere Unterrichtseinheiten hinweg fortgeführt und vertieft werden. Aus der spieldidaktischen Sicht des genetischen Lehrens und Lernens ist es sinnvoll, die einzelnen Stunden jeweils unter ein besonderes Teilthema zu stellen, dessen Sinn und Absicht sich aus den Erfahrungen und Ereignissen der vorhergehenden Stunden ergibt. Bevorzugt werden in diesem Lehrgang auch Themen, die an häufig beobachtbaren Verhaltensweisen der Mädchen anknüpfen. Beispielsweise haben sie Hemmungen, sich körperlich gegen einen Gegner durchzusetzen und den Erfolg zu suchen. Weitere Beispiele für solche „mädchensensiblen" Themen sind:

- Torschusssituationen durchsetzungsstark herausspielen.
- Das Chaos lichten und den Überblick verbessern.
- Den Wechsel zwischen Angriff und Abwehr beschleunigen.
- Zweikämpfe (1:1 Situationen) durchstehen und genießen.

Die Reihenfolge der Unterrichtseinheiten/Themen ist nicht allgemein verbindlich, sondern für jeden Kurs und jede Gruppe individuell, also Adressaten bezogen. Es empfiehlt sich, auch diese Stunden dem jeweiligen Thema gemäß einzuteilen. Die bewegungsaktiven Abschnitte „In Szene setzen", „Zur Sache kommen" und „Die Sache variieren" werden mit Reflexionen (Denken, Sprechen) verbunden. Alle Stundenabschnitte sind an dem gewählten Thema orientiert.

Die Praxiseinheiten im Überblick

Thema der Einheit: Miteinanderspielen, das Auftaktspiel

ZIELE:
Einblick in die Spielstruktur gewinnen; Spielaufgaben und Situationen verstehen; Probleme erkennen und gemeinsam Lösungen finden.

DAUER: Beliebig viele Unterrichtseinheiten à 90 Minuten.

MATERIAL:
Fußbälle, Handbälle, Volleybälle, Flummis, Tennisbälle, Rugby-Eier, Hallenfußbälle, Luftballons, Minibälle, Kastenteile, Reifen, Langbänke und Kästen, Karteikarten mit Namen/Begriffen.

HINWEIS:
Leibchen, Fußbälle und andere Bälle, Geräte, um verschiedene Tore an unterschiedlichen Orten (mit und ohne Abstand zur Wand, in der Mitte und außen, in den Ecken) zu markieren.

In Szene setzen – Einstimmung und Konfrontation

1. Schritt: Aufwärmen und vorbereiten
a) Kegelfußball
Zwei Mannschaften spielen auf zwei gekippte Langbänke als Tore. Der
Ball wird mit der Hand von Mitspielern zu Mitspielern gekegelt, die
diesen auch mit dem Fuß stoppen darf aber dann mit der Hand aufneh-
men soll. Der Torschuss erfolgt dann auch nur gekegelt.

*2. Schritt: Begegnung mit dem Fußballspiel im Rahmen der „Kon-
frontationsmethode"*
b) Auftaktspiel

Gespielt wird in Teams von mindestens 6:6 auf ein Hallenfeld mit
Handballtoren. Die Spieldauer richtet sich nach der Kondition und
Motiviertheit der Spielerinnen (10 – 20 min).

Reflexion des Spiels – Erfahrungen benennen und einordnen

3. Schritt: Die Aufbereitung des „Auftaktspiels"
Was lief gut? Wo gab es Probleme und warum? Lösungen werden mit den Spielerinnen gemeinsam erarbeitet. Die Leitlinie für Regeländerungen besteht darin, dass die grundlegende Spielidee – Ball im Angriff auf ein Ziel voranbringen gegen eine Abwehr, Kräftegleichgewicht von Angriff und Abwehr – dabei immer erhalten bleiben muss.

Zur Sache kommen – auf der Suche nach dem eigenen Spiel

4. Schritt: Technische Anforderungen reduzieren – anspruchsvolle Spielidee beibehalten
c) Umsetzung der Ideen
Die erarbeiteten Ideen zur Problemlösung im Spiel werden in kleinen Teams (2:2, 3:3) ausprobiert und umgesetzt. Nachdem mehrere verschiedene Variationen erprobt sind, können die Mädchen entscheiden, mit welchen Regeländerungen sie zum jetzigen Könnensstand am liebsten Fußballspielen. Es ist anzunehmen, dass sie vor allem mit mehr Freiräumen im Spiel besser zurechtkommen.

Die Ergebnisse der Gruppenarbeit werden vorgestellt und ausprobiert. Die Grundlage neuer, lernträchtiger Spielideen besteht in der didaktischen Reduktion im Rahmen von Regeländerungen:

Regel	Veränderung	Wirkung
Personalregel	Spielerinnenzahl reduzieren	Raumgewinn und Gewinn an Überblick
Raumregel	Spielfeld vergrößern	Raumgewinn und Gewinn an Orientierung
Handlungsregel	Angreiferin darf den Ball ungestört annehmen, erst dann bzw. erst ab der Mittellinie darf die Verteidigerin ihrerseits angreifen	Gewinn an Überblick und Ballsicherheit

weiter nächste Seite

Regel	Veränderung	Wirkung
Handlungsregel	Ball darf mit der Hand gestoppt oder gefangen werden, dann mit dem Fuß weiterspielen	Gewinn an Ballsicherheit
Geräteregel	Spielen auf größere Tore	Gewinn an Erfolgschancen

Die Sache variieren – unterschiedliche Themen des Fußballspielens

6. Schritt: Spielprobleme erkennen, differenzieren und lösen
- Torschusssituationen durchsetzungsstark herausspielen.
- Hemmungen beim sich Durchsetzen überwinden.
- Das Chaos lichten – den Überblick verbessern.
- Den Wechsel zwischen Angriff und Abwehr beschleunigen.
- Zweikämpfe (1:1 Situationen) durchstehen und genießen.

Fußball spielen – Können erweitern – Spielfreude steigern

- Teil 1: „Passen und Stoppen üben und verbessern"
- Teil 2: „Effektiv Freilaufen lernen"
- Kraftvoll und entschlossen Tore schießen
- Fußballspielen bedeutet Kämpfen
- Ein attraktives Fußballspiel selbst organisieren und durchführen

Kapitel

4

Fußball spielen – Können erweitern – Spielfreude steigern

Entsprechend der Vielschichtigkeit der weiteren Vermittlungsschritte sind die Praxisanregungen in diesem Kapitel folgenden Grundsituationen des Spielens zugeordnet (vgl. dazu Kröger & Roth, 1999): **Teilschritte auf dem Weg zum Fußballspielen**
* Passen, Stoppen (Teil 1) und Freilaufen (Teil 2)
* Kraftvoll und entschlossen Tore schießen
* Fußballspielen bedeutet Kämpfen
* Fußballspielen – selbst organisieren und sinnvolle Regeln finden

Passen, Stoppen und *Freilaufen* als elementare Bewegungshandlungen des Fußballspielens sind wichtig, um die Bälle gezielt und sicher zur Mitspielerin spielen zu können. Ziel der Lehr-Lern-Einheit ist es, Anspielstationen zu schaffen, die für ein flüssiges Spiel notwendig sind.

Tore schießen ist ein weiteres zentrales Thema des Fußballspielens. Ziele der Lehr-Lern-Einheit sind, den entschlossenen Zug zum Tor zu entwickeln, Freude am Tore schießen zu gewinnen und die für einen erfolgreichen Torschuss wichtigen Bewegungserfahrungen zu üben und zu vertiefen.

Angreifen und Verteidigen, prinzipiell also das Kämpfen, sind wesentliche Aktionsformen des Fußballspielens. Ziele der Lehr-Lern-Einheit sind, den Mädchen ein Gefühl für Torchancen oder torgefährliche Situationen zu vermitteln und Handlungsmöglichkeiten anzubieten, eine erfolgreiche Toraktion herauszuspielen und abzuschließen. Auf der anderen Seite soll die Verteidigerin lernen, allein oder in Kooperation mit anderen Tore zu verhindern. Durch gezielte Spiel- und Übungsformen sollen diese Fähigkeiten erlebt, erlernt und begriffen werden.

Im Rahmen der Erarbeitung dieser grundlegenden Themen, bedeutet es für die Mädchen eine attraktive Herausforderung, *selbstständig* und *selbsttätig* ein Fußballspiel zu planen, zu organisieren und in Gang zu halten. Es soll die allgemeine, konstituierende Spielidee des Fußballspiels enthalten – das Herausspielen von Torsituationen gegen den Widerstand der Verteidigung – und von individuell gültigen Regeln der Spielgestaltung charakterisiert sein, als da sind: die Raumregeln (Spielfeldbegrenzungen, Position Tore), Geräteregeln (Tor (Größe, Anzahl), Ball), Handlungsregeln (was gilt als Foul, ist Hand erlaubt oder nicht), Zeitregeln (Länge des Spiels), Personalregeln (Anzahl Spielerinnen, Überzahl oder nicht). Ziel der Lehr-Lern-Einheit ist, die o. g. elemen- **Mädchen gestalten ihr Spiel** taren Bewegungshandlungen im Zusammenhang mit dem konkreten Spielen zu erfahren und ihren Sinn zu begreifen. Es wird empfohlen, diese Art des Spielens *begleitend* zum Üben der elementaren Bewegungshandlungen in den Unterricht einzuplanen, aber auch – immer wieder – eine eigene Lehr-Lerneinheit mit diesem Thema zu gestalten.

Teil 1: „Passen und Stoppen üben und verbessern"

Diese Elemente beinhalten Aufgaben, z. B. Anspielstationen suchen und erkennen sowie entsprechend der subjektiven Situationseinschätzung handeln. Ist meine Mitspielerin anspielbar? Oder gibt es eine Alternative? Die Mädchen können in diesen und den nächsten Einheiten erleben und lernen, wie der Ball sein Ziel so erreicht, dass die Mitspielerin den Ball zweckmäßig nutzen kann, und wo bzw. wer und was eine sinnvolle Anspielstation im Kontext des Spiels ist.

In Szene setzen – das Bewegungsproblem erkennen

1. Schritt: Sich auf das Thema verständigen

Sehen, Analysieren, Diskutieren

Vermutlich kann die Lehrperson in einer Gesprächsrunde an bereits gemachte Erfahrungen anknüpfen: Warum ist der Spielfluss so oft unterbrochen? Was könnte dazu beitragen, dass der Ball besser läuft? Eine weitere Möglichkeit, das Thema ins Bewusstsein der Mädchen zu rücken, besteht darin, Fußballszenen mit gelungenen Ballwechseln auf einem Videofilm zu zeigen. Mädchensensibler Unterricht erfordert selbstverständlich weibliche Spielerinnen als Akteure!

In der Reflexion über die Eindrücke aus der Erfahrung oder dem Film werden Fragen besprochen wie:
• Woran erkenne ich gute Abspielmöglichkeiten?
• Welche Ab- und Anspielmöglichkeiten gibt es (hoch oder flach, scharf oder sanft, Innenseite des Fußes oder Spitze, nach vorn oder zurück)?

Ein wichtiges Ergebnis wird sein, dass es präziser, möglichst scharfer Pässe bedarf, damit der Ball richtig ankommt oder angenommen werden kann. Die Mädchen erkennen es als sinnvoll an, das Passspiel in verschiedenen Varianten zu üben und an der Präzision ihrer Aktionen zu arbeiten.

Zur Sache kommen – Passen und Stoppen

2. Schritt: Experimentieren
Die Mädchen lernen durch geeignete Bewegungsaufgaben die unter- **Mädchen üben**
schiedlichen Passarten kennen und erproben sie. Angestrebt wird ein **und suchen nach**
flacher Bodenpass zur Mitspielerin, die diesen mit der Innenseite stoppt **Lösungen**
und umgekehrt.

Reflexion – Lösungsmöglichkeiten prüfen

3. Schritt: Vorstellen und Besprechen
Die Mädchen zeigen die gefundenen Lösungen des Bewegungsproblems „Passen und Stoppen". Die Lehrperson erläutert, was daran
nachahmenswert und was eher kontraproduktiv ist. Für die Mädchen
kristallisiert sich im Dialog aus Wahrnehmung, Bewegung und Reflexion eine sinnvolle Variante heraus, nämlich der Innenseitstoß als ein-
fachster und dennoch präziser Pass.

Der genaue Pass gelingt jedoch nur, wenn der Ball kraftvoll und ent- **Mädchen**
schlossen getreten wird. Diese Einsicht kann ein weiteres Ergebnis der **animieren kraft-**
Auswertung sein. Die Mädchensozialisation erlaubt es den meisten **voll mit dem Ball**
von klein auf nicht, sich kraftvoll und entschlossen zu bewegen. Das **umzugehen**
gilt als unweiblich – ein Klischee, das die Mädchen oft daran hindert,
die Potenziale zu zeigen und zu entwickeln, die in ihnen stecken. Mädchenorientierter Fußballunterricht sollte diese Überlegungen immer
wieder zum Thema machen und die Spielerinnen ermutigen, ihre Kraft
zu spüren, sie zu verstärken und stolz zu sein über kraftvolle Ballbehandlung.

Die Sache variieren – Mit dem Ball spielnah kooperieren

*4. Schritt: Üben in unterschiedlichen spielnahen Situationen (kann in
jeder Stunde wiederholt werden)*
Mit diesem inneren Bild „kraftvoll Spielen" und der Aufgabe „Wie **Vielfältige**
spiele ich den Ball über die Distanz zu meiner Mitspielerin?" kann das **Übungen zur**
Thema nun vertieft werden. Für vielfältige Erfahrungen mit Passen **Vertiefung des**
und Stoppen steht eine Auswahl an Übungsaufgaben zur Verfügung, **Themas**
wie Bälle tauschen auf Kommando, Bälle mit unterschiedlichem

Sprungverhalten verwenden, ohne oder mit Störung durch Gegenspielerinnen, mit und ohne Überzahl.

Als eine geeignete Spielform, um unter Bedrängnis zu spielen, hat sich das Spiel „Eckla" (fränkisch) bewährt, in dem Zuspiele und Ballannahmen in vielfältigen Situationen variiert werden können.

Reflexion – lernen über die Stunde hinaus

5. Schritt: Erfolg ermöglichen durch üben und wiederholen

Mädchen ermutigen zu üben – der Erfolg wird sich einstellen!

Während des Austausches über die vorangegangenen Spielformen werden viele Mädchen feststellen, dass es ihnen immer noch sehr große Schwierigkeiten bereitet, den Ball unter Bedrängnis und Leistungsdruck präzise abzuspielen. Fehlpässe sind unvermeidlich. Die Ursache dafür liegt jedoch nicht allein im Unvermögen der Mädchen, sondern in den anspruchsvollen technischen und taktischen Herausforderungen des Spiels. Es ist deshalb möglich, die Häufigkeit von Fehlpässen zu reduzieren, wenn Geschicklichkeit und Krafteinsatz verbessert werden – und dazu hilft nur üben, üben, üben. Diese Erfolgszuversicht sollte den Spielerinnen vermittelt werden – zusammen mit dem Auftrag, so oft wie möglich außerhalb des Kurses irgendwo – mit Freundinnen und Freunden, mit Vätern und Müttern, in der Pause und nach der Schule Fußball zu spielen und mitzuspielen.

Teil 2: „Effektiv Freilaufen lernen"

„Freilaufen" stellt ein sehr komplexes Thema dar. Die Vermittlung kann nur auf der Wahrnehmung von konkreten Spielsituationen beruhen. Folglich steht das Sammeln von Erfahrungen im Mittelpunkt. Aus Erfahrung lernen bedeutet auch, dass die Situationen des durch Gegner gestörten Ballabspielens und -annehmens gemeinsam analysiert werden müssen. Die Mädchen entwickeln so ein Verständnis für die Rahmenbedingungen und die daraus resultierenden Möglichkeiten des Freilaufens und lernen, sie auf unbekannte Situationen anzuwenden (Transfer). Dieses Teilthema kann jederzeit, je nach Unterrichtssituation, mit dem Thema „Passen und Stoppen üben und verbessern" von Teil 1 verflochten werden.

In Szene setzen –
Zusammenhang mit bisherigen Erfahrungen herstellen

1. Schritt: Problem erkennen
Im Gesprächskreis wird an die Erfahrungen aus dem Thema 1, Teil 1 **Anknüpfung**
„Passen und Stoppen üben und verbessern" angeknüpft und die Frage **an das vorange-**
gestellt, warum trotz kraftvoller Pässe der Ball oft nicht ankommt. **gangene Thema**
Videoaufnahmen oder Fotos aus vergangenen Unterrichtsstunden
zeigen, dass die Anspielmöglichkeiten häufig verwehrt sind, weil eine
Verteidigerin „im Weg" steht.

Zur Sache kommen – Lösungsalternativen kennen lernen

2. Schritt: Handeln und Verstehen
Das Thema wird mit verschiedenen Spielformen aufbereitet. Gemäß der **Angemessene**
Methode der „didaktischen Reduktion" sollte mit Spielformen begonnen **Einführung in**
werden, bei denen die Mädchen nicht durch technische Probleme der **die Stunde**
Ballbehandlung vom Thema „Effektiv Freilaufen" abgelenkt werden.
Deshalb kann bei unerfahrenen Fußballspielerinnen durchaus ein Spiel
mit der Hand am Anfang stehen. Eine weitere geeignete Methode, im
Sinne des genetischen Lernens das zweckmäßige Freilaufen zu vermit-
teln, ist das *Einfrieren* von Spielsituationen. Gelungene und misslungene
Konstellationen werden durch ein Zeichen der Lehrperson angehalten –
eingefroren –, um sie sichtbar und bewusst zu machen und mit den Mäd-
chen erörtern zu können. Auch die *Visualisierung* von Laufwegen und **„Tafel und Kreide"**
Positionen durch Stift und Papier, Magnetbrett und Metallknöpfe oder **kommen**
mit Kreide und Playmobilfiguren auf einer Turnmatte ist ein geeignetes **zum Einsatz**
Mittel, um das Begreifen dieses Bewegungsproblems zu erleichtern.
Folgende Fragen werden dabei z. B. geklärt:
• Wie und wo biete ich mich im Spiel an, damit ich anspielbar bin?
• Welchen Zweck hat beim Freilaufen die Körpertäuschung und in
  welcher Form ist sie wirkungsvoll?
• Weshalb ist keine Anspielstation da?
• Wie und wer kann Anspielstationen schaffen?
• Welche Laufwege wären denkbar um sich anzubieten?
• Gibt es eine freie Mitspielerin, zu der ich passen kann, evtl. in
  meinem Rücken?

Die Spielerinnen sollen durch den *Wechsel von Aktion und Reflexion,* **Mädchen arbeiten**
von Machen und Denken eine Vorstellung über die zahlreichen, zur **an verschiedenen**
Verfügung stehenden Möglichkeiten erwerben, über den Ball mit ande- **Möglichkeiten**
ren zu kooperieren. Der Ball muss z. B. nicht nach vorne gespielt wer-

den. Eine Mitspielerin kann sich auch im Rücken anbieten und die Ballbesitzerin kann den Ball zurückspielen. Oder es tun sich durch Wechsel des Balls auf die andere Seite neue, freie Spielräume auf. Durch dieses Spielen mit Alternativen können die Mädchen begreifen und erfahren, was Freilaufen eigentlich heißt:

*   Sich bewegen, um immer anspielbar zu bleiben.
*   Der Verteidigerin keine Chance geben, den Ball zu erreichen und gleichzeitig,
*   eine möglichst günstige Ausgangsposition für einen Angriff oder auch einen Neuaufbau des Angriffs nach Ballverlust schaffen.

Die Sache vertiefen – das Gelernte anwenden

Das Gelernte im Spiel anwenden

3. Schritt: Freilaufen, passen und stoppen im Spiel umsetzen
Am Ende dieser Praxiseinheit empfiehlt sich eine Spielform 6:6. Das Freilaufen wird durch gemeinsame Regelabänderungen begünstigt. So können die Mädchen im Vergleich mit dem „Auftaktspiel" ihre Fortschritte erleben und umsetzen, Selbstsicherheit und Freude an ihrem Tun gewinnen.

Reflexion: Wie in Teil 1 „Über die Stunde hinaus"

4. Schritt: Erfolg sichern durch üben und wiederholen

Die Praxiseinheiten im Überblick

Thema der beiden Einheiten:
1. **„Passen und Stoppen üben und verbessern"** und
2. **„Effektiv Freilaufen lernen"**

ZIELE:
Passen und Stoppen; sich orientieren und die Mitspielerinnen sehen; kluge Laufwege finden, täuschen und freilaufen.

DAUER: 2 x 1.5h

MATERIAL:
Unterschiedliche Bälle, Hütchen, Langbank.

HINWEIS:
Die anspruchsvollen technischen Aufgaben sollen stets aus dem Zusammenhang des Spielprozesses abgeleitet und wieder darauf zurückgeführt werden.

Teil 1: Passen und Stoppen üben und verbessern

In Szene setzen – das Bewegungsproblem erkennen

1. Schritt: Sich auf das Thema verständigen
Gespräch über Ballverluste und ihre Ursachen

Zur Sache kommen – Passen und Stoppen

2. Schritt: Experimentieren
a) Spiele den Ball durch die Hütchen zu deiner Partnerin. Wie geht es am besten?

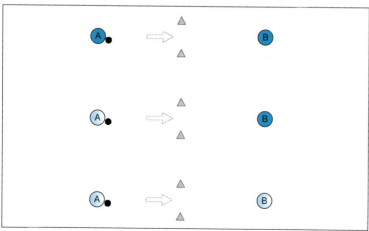

Die Partnerinnen stehen sich in einem Abstand von ca. 5m gegenüber und passen sich den Ball mit dem Fuß zu. Ziel: flacher Pass
zur Partnerin, durch die Hütchentore. Die Partnerin stoppt den Ball.

Gemeinsame Diskussion über verschiedene Möglichkeiten. Was ist effektiv?

Variation 1　Verringerung des Abstandes zwischen den Hütchen; Abstand zwischen den Partnen variieren; beidfüßig passen (links und rechts).

Variation 2　Direktes Passspiel – der Ball wird nicht mehr gestoppt sondern direkt zurückgespielt.

Variation 3　Wettkampfform: Wer spielt die meisten Pässe ohne Unterbrechung?

Variation 4　Gemeinschaftsaufgabe: Wie viele Pässe spielen alle Paare zusammen in einer Minute?

Variation 5　Die Paare bewegen sich mit ihrem Ball frei im Raum um die verteilten Hütchentore. Sie versuchen so oft wie möglich den Ball durch einen Innenseitstoß durch ein Hütchentor gezielt zur Partnerin zu bringen. Nach der Ballannahme wird ein neues Hütchentor anvisiert. Steigerung: Paare dribbeln durch die Halle und passen sich den Ball zu, so dass sie immer in Bewegung sind.

Variation 6　Spielform: Zwei Teams spielen gegeneinander mit den aufgestellten Hütchentoren im Raum. Ziel ist es den Ball durch ein Hütchentor zu einer Mitspielerin zu spielen. Gelingt es, erhält das Team einen Punkt. Der nächste Angriff muss auf ein anderes Hütchentor erfolgen.

b) Bälle tauschen

Jedes zweite Mädchen hat einen Ball und dribbelt (mit dem Ball am rechten oder am linken Fuß, schnell und langsam usw.), die anderen laufen ohne Ball durch die Halle. Auf das Signal „Bälle tauschen" hin, muss jede Ballbesitzerin ihren Ball zu einer Spielerin ohne Ball passen. Vor der Ballübergabe von einer Spielerin zur nächsten, sollte es zur Kontaktaufnahme zwischen den beiden Spielerinnen kommen. Dies kann z. B. durch das Rufen von Namen oder mit Mimik und Gestik (Blickkontakt) geschehen. So werden viele Missverständnisse verhindert und die Bälle kommen auch wirklich bei den Spielerinnen an und werden nicht ins Leere gepasst.

Variation 1　Der Ball darf nicht zweimal hintereinander an die gleiche Mitspielerin gepasst werden.

Jedes Mädchen hat einen Ball. Auf Kommando tauschen alle.   **Variation 2**

Die eine Hälfte der Mädchen hat Basketbälle, die damit basketballspe-   **Variation 3**
zifisch dribbeln müssen, die anderen Fußbälle. Auf Kommando wird
dann ein Fußball mit einem Basketball getauscht.

Wie Grundform der Bewegungsaufgabe Variation 2, aber alle Mädchen   **Variation 4**
dribbeln einen Ball ihrer Wahl mit der Hand.

Reflexion – Lösungsmöglichkeiten prüfen

3. Schritt: Vorstellen und Besprechen
Erfahrungen vorstellen, austauschen, Verbesserungen finden

Die Sache vertiefen: Mit dem Ball spielnah kooperieren

4. Schritt: Üben in unterschiedlichen spielnahen Situationen
c) Das klassische „Eckla"

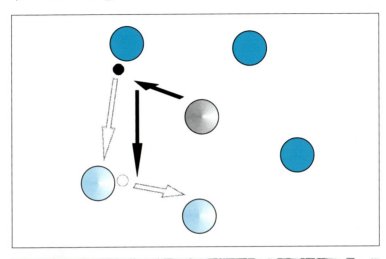

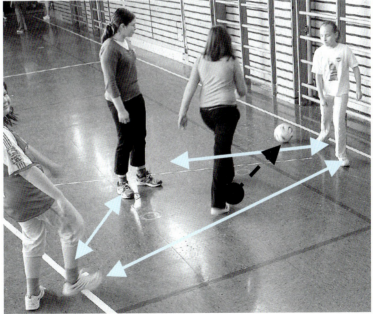

Im abgesteckten Raum spielen sich 4 bis 5 Mädchen den Ball zu.
Zwei weitere Mädchen stehen in der Mitte und versuchen, den Ball

zu erwischen. Wenn eine Spielerin aus der Mitte den Ball berührt oder der Ball das Spielfeld verlässt, findet ein Spielerinnentausch statt. Die Spielerin, die den Fehlpass verursacht hat, wechselt mit der Spielerin die Position, die am längsten in der Mitte war. Für den Fall, dass es keiner gelingt, den Ball zu erringen, wird nach spätestens 2 Minuten gewechselt.

Ballkontakte auf 2 oder 1 beschränken   **Variation 1**

Wie viele Ballkontakte schaffen wir?   **Variation 2**

d) Kantenfußball (Mosebach, 2005, S. 23)

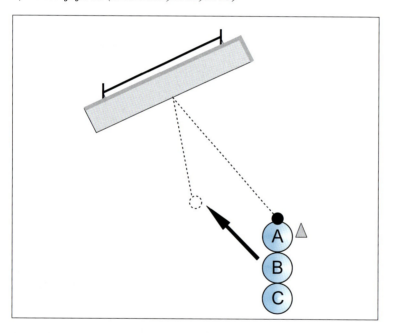

Gespielt wird auf gekippte Langbänke. Jede Spielerin hat zu Beginn 5 Punkte. Die erste Spielerin schießt den Ball von der Markierung (z. B. ein Quadrat 2x2m) aus gegen die Bank. Dieser Ball muss zurück ins Quadrat, wo die nächste Spielerin den Ball kontrollieren muss (z. B. drei Berührungen) und ihn dann wieder aus dem Quadrat heraus an die Bank spielt. Einen Punktverlust gibt es für die Passgeberin, wenn der von ihr an die Bank gepasste Ball nicht mehr ins Quadrat zurückge- langt, oder für die Spielerin, die einen ihr zugepassten Ball nicht inner- halb des Quadrats verarbeiten kann.

Reflexion – lernen über die Stunde hinaus

5. Schritt: Erfolg ermöglichen durch üben und wiederholen
Aufforderung, in der Freizeit soviel wie möglich Fußball zu spielen.

Teil 2: „Effektiv Freilaufen lernen"

In Szene setzen –
Zusammenhang mit bisherigen Erfahrungen herstellen

1. Schritt: Problem erkennen
Ein Gespräch und Bilder ermöglichen es, dass die Mädchen das Bewegungsproblem des Freilaufens erkennen – warum kommt der Ball nicht an? – und Interesse an Lösungsvorschlägen entwickeln.

Zur Sache kommen – Lösungsalternativen kennen lernen

2. Schritt: Handeln und Verstehen
Verschiedene Spielformen – „Einfrieren" von Spielsituationen.

a) Handfußball
Es wird mit einem weichen Ball (Flummi, Futsal oder leicht platter Fußball) und in kleinen Teams gespielt. Die Spielerinnen passen sich den Ball zu, wobei sie, bei Bedarf, auch die Hände benutzen dürfen. Das angreifende Team versucht, durch geschicktes Passen und Freilaufen zur gegnerischen Torauslinie zu gelangen. Ziel ist es, den Ball zu einer Mitspielerin hinter der gegnerischen Torauslinie zu passen, um einen Punkt zu erhalten. Gelingt dies, erhält die andere Mannschaft den Ball und bringt ihn sogleich von ihrer Torauslinie wieder ins Spiel. Sie versuchen nun ihrerseits, den Ball hinter die gegnerische Linie zu bekommen. Bei einem Ballverlust greift die ballbesitzende Mannschaft sofort an.

b) Klatsch-Fußball (Kolb, 1996, S. 18)
Gespielt wird mit normalen Fußballregeln auf ein Hallenfeld. Es existieren jedoch Zusatzregeln, damit ein Spielfluss entsteht. Der Ball darf z. B. mit der Hand gestoppt werden und muss dann mit dem Fuß wei-

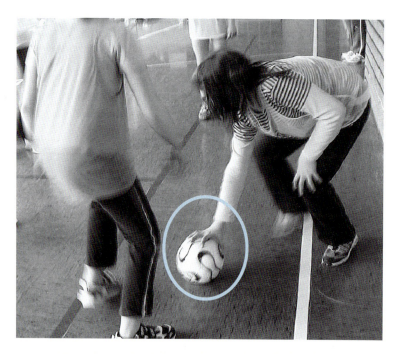

tergespielt werden. Oder: Solange eine Spielerin die Hand am Ball hat, darf sie nicht angegriffen werden und mit der Hand am Ball darf nicht gelaufen werden.

Die Sache vertiefen – das Gelernte anwenden

3. Schritt: Freilaufen, passen und stoppen im Spiel umsetzen
c) Spiel 6:6 mit Zusatzregeln
Dabei wird die Erleichterung der Annahme reduziert. Anstatt mit der Hand stoppen zu dürfen, ist es nur gestattet, die Ballführende nach der Ballannahme und erst ab der Mittellinie anzugreifen. So ist gewährleistet, dass genügend Zeit für eine kontrollierte Ballannahme. Die Spielerinnen geraten nicht unter Druck. Außerdem stehen in der eigenen Hälfte immer Mitspielerinnen als „Anspielstationen" zur Verfügung.

Reflexion: Wie in Teil 1 „Über die Stunde hinaus"

4. Schritt: Erfolg sichern durch üben und wiederholen

Kraftvoll und entschlossen Tore schießen

Mädchen wollen Tore schießen

Es ist zu erwarten, dass die meisten Mädchen begeistert und erwartungsvoll in die Lehr-Lern-Einheit „Tore schießen" gehen, weil sie sich Erfolgserlebnisse und interessante Szenen erhoffen. Tore schießen – richtig vermittelt – fördert das Selbstbewusstsein der Mädchen. Es ist jedoch vor allem, als Teil des Spielgedankens „Tore schießen und Tore verhindern" (Balz & Dietrich, 1996) eine Spiel entscheidende Aktion.

In Szene setzen – Erfolgserlebnisse beim Torschuss

1. Schritt: Experimentieren

Einfach mal den Ball treten

Begonnen wird mit der Aufgabe, von der Mittellinie aus anzudribbeln und dann auf ein Ziel zu schießen. „Nehmt euch einen Ball und schießt auf das Tor (oder andere Ziele)! Wie klappt es am besten?" Der Laufweg und die Schussposition sind nicht vorgegeben. Die Spielerinnen sollen zunächst selbst herausfinden, von welcher Position man leichter trifft, d. h. wo gute Schusspositionen sind und wie sie für einen Torschuss am besten anlaufen müssen. Ziel der Aufgabenstellung sollte sein, dass die Mädchen in Eigenverantwortung unterschiedliche Möglichkeiten erproben, einen Ball zu treten. Jede hat Gelegenheit, ihre eigenen Erfahrungen zu machen. Anfänglich werden die individuellen und meist sehr unpräzisen Schussweisen den unerfahrenen Mädchen nicht die erhofften Erfolge bringen. Zum Teil tut es weh, beispielsweise wenn sie den Ball mit der Fußspitze befördern. Es ist anzunehmen, dass auch Anfängerinnen mit vollem Eifer diese Übung ausführen. Nach einiger Zeit sollten Torhüterinnen eingesetzt werden.

Reflexion – Erfahrungen aufgreifen

2. Schritt: Präzisieren

Was war gut, was kann verbessert werden?

Die Lehrperson lässt individuelle Lösungsvarianten des Bewegungsproblems „gezielt und kraftvoll aufs Tor schießen" zeigen und erarbeitet durch entsprechende Fragen (sokratisches Prinzip des genetischen Lehrens und Lernens) Erfolg versprechende Kriterien der Torschussbewegung. Ein sozialisationsbedingtes Grundproblem der meisten Mädchen wird auch hier sein, dass sie den Ball nicht entschlossen und kraftvoll genug treten und nicht ausreichend Erfolgszuversicht haben. Die Mädchen sollen im Gespräch Gelegenheit haben, sich über ihre Erfahrungen auf diesem Gebiet auszutauschen. Dabei wird sich herausstellen, dass es durchaus Unterschiede zwischen den einzelnen Spielerinnen gibt und dass die Mädchen, die ihre Kraft einzusetzen gelernt haben, mehr Befriedigung und Erfolg beim Fußballspielen haben als die ängstlichen, zurückhaltenden. Die Lernenden können dabei die Einsicht gewinnen, **Mädchen über-** dass eine bewusste Änderung von „typischem" Mädchenverhalten die **winden Ängste** Freude am Spiel erhöht. Durch Spiel- und Übungsformen, die aus- **und gewinnen an** drücklich Kraft und Entschlossenheit erfordern, kann mit solchen neuen **Stärke** Verhaltensweisen experimentiert werden. So erfahren die Spielerinnen, dass das Lernen des Fußballspielens und Tore schießens nicht nur eine Frage der richtigen Technik und Taktik, sondern eine Herausforderung und Chance für ihre ganze Persönlichkeit ist.

Zur Sache kommen – Reflexion und Aktion verbinden

3. Schritt: Präzisieren und variieren
Die Mädchen dürfen das Tore schießen erneut frei üben. Dabei sollen **Lehrpersonen** sie sich über die ganze Halle verteilen und unterschiedliche Ziele **leiten hilfreich an** anvisieren (Kästen, Wände, Hütchen; enge und weite, hohe und nie- dere – nach dem Prinzip der Vielfalt von Übungssituationen). Die Lehrperson hilft währenddessen denjenigen, die Schwierigkeiten mit der Umsetzung der Aufgabe haben.

4. Schritt: Vertiefen
Damit die Spielerinnen die koordinative Anforderung, aus dem Laufen heraus den Ball zu treten, üben können, wird eine neue, attraktive und bewegungsintensive Lernsituation geschaffen. Die Lehrperson oder eine geübte Teilnehmerin bekommt von jedem Mädchen einen Pass zugespielt und legt ihn der dann anlaufenden Spielerin auf. Diese muss nur noch – aus dem Lauf heraus – auf das Tor schießen. Nach mehrma- ligem Üben ohne Torfrau sollte eine Torfrau eingesetzt werden, um die Anforderungen zu erhöhen. Ziel ist es, die Mädchen dazu zu bringen, einen Pass entschlossen zu verwandeln, kraftvoll ein Tor zu erzielen und sich selbstbewusst über jeden Erfolg zu freuen.

Reflexion: Erfahrungen aufarbeiten

5. Schritt: Austausch über Erfolge und Misserfolge
Ein kurzes Gespräch dient dazu, die Gefühle, Gedanken und Erfah- rungen auszutauschen, die die Mädchen bewegen, wenn sie an der Auf-

gabe „kraftvoll und entschlossen Tore schießen" arbeiten. Sie sollen lernen, sich gegenseitig zu ermutigen und die Solidarität in der Gruppe zu stärken. Selbstverständlich kommen auch „technische" Probleme zur Sprache.

Die Sache variieren – Aufgaben differenzieren

6. Schritt: Im Spiel anwenden

Vorbildwirkung der erfahrenen Mädchen herausstellen

An dieser Stelle sollen die Spielformen bis zum Zonenspiel 3:3 ausgebaut werden. Dieses Spiel wird so arrangiert, dass vor dem Tor immer eine Überzahlsituation der Angreiferinnen besteht und somit der Torerfolg wahrscheinlicher wird. Während des Spiels ist es sinnvoll, eine Torhüterin einzusetzen. In leistungsheterogenen Gruppen sollte – im Sinne der Differenzierung – den erfahrenen Spielerinnen alternativ eine Spielform vorgeschlagen werden, wo sie als Joker eine sichere Anspielstation darstellen, die verlässlich und gezielt abspielen kann. Diese Zusatzaufgabe soll ihr Selbstbewusstsein und ihre Rolle als Vorbild für die weniger erfahrenen Spielerinnen stärken.

Reflexion – über die Stunde hinaus

7. Schritt: Spielend, üben – übend, spielen so oft und wo immer sich eine Gelegenheit bietet

Mehr öffentliche und geschützte Räume für Mädchen zum Fußball spielen!

Das Abschlussgespräch könnte zum Anlass werden, gemeinsam darüber nachzudenken, wo es Möglichkeiten gibt, wo Mädchen ihrer Fußballlust frönen können. Es muss aber auch thematisiert werden, wo Barrieren zu überwinden sind – z. B. weil Erwachsene oder Jungen Spielräume beanspruchen oder weil Eltern Angst haben, ihre Tochter ohne Aufsicht aus dem Haus zu lassen – und was man dagegen tun kann. Hier geht es also nicht mehr nur um das Verändern des geschlechtstypischen Verhaltens sondern vielmehr auch um das Verändern von Verhältnissen, die den Chancen von Mädchen im Wege stehen. Um diese eher gesellschaftlichen und institutionellen Probleme im Sinne des „gender mainstreaming" zu lösen, ist vermutlich die Mithilfe von Eltern, Vereinsmitgliedern, Lehrerinnen, Schulleiterinnen, Kommunalpolitikerinnen erforderlich. Im Sinne des „Empowerment" der Mädchen für die gegenwärtige und zukünftige Bewältigung ihrer Entwicklungs- und Lebensaufgaben sind solche Aktivitäten jedoch pädagogisch sinnvoll und wünschenswert. Die Lehrperson und die Mädchen selbst können solche Prozesse des „Empowerment" anstoßen, selbstbewusst fordern und selbst mitgestalten.

Die Praxiseinheiten im Überblick

Thema der Einheit: Kraftvoll und entschlossen Tore schießen

ZIELE:
Schussfertigkeit schulen; Torchancen erkennen und ausnutzen.

DAUER: 1.5h

MATERIAL:
Tore, Bälle, Kegel, Reha-Ball, Gummiball.

In Szene setzen – Erfolgserlebnisse beim Torschuss

1. Schritt: Experimentieren
Lauft mit dem Ball und schießt, sooft ihr könnt auf eines der beiden
Tore an den Stirnseiten der Halle (oder draußen: auf mehrere zur Ver-
fügung stehende Tore)!

Reflexion – Erste Erfahrungen aufgreifen

2. Schritt: Präzisieren
Fragen der Lehrkraft regen die Teilnehmerinnen zum genauen Beobachten und Wahrnehmen an und verhelfen ihnen zu einem adäquaten inneren Bild der Torschussbewegung: „Worauf kommt es an beim
Torschuss? Beobachtet Susi und Tina! Was fällt euch auf? Woran könnt
ihr erkennen, wie viel Kraft Susi in ihren Schuss legt? Warum sieht der
Schuss bei Tina so sanft aus?"

Zur Sache kommen – Reflexion und Aktion verbinden

3. Schritt: Präzisieren und variieren
*a) Nehmt euch einen Ball eurer Wahl und schießt aufs Tor! – Wie
klappt es am besten?*
Geschossen wird auf beide Tore. Start ist immer an der Mittellinie.
Die Mädchen erproben unterschiedliche Varianten der Fußstellung,
Laufwege und Schusspositionen. Im Anschluss werden Ideen und

Erfahrungen gesammelt und vorgeführt, gemeinsam diskutiert und die effektivsten Schussarten (Innenseitstoß, Spann etc.) nochmals versucht umzusetzen.

b) Sautreiben

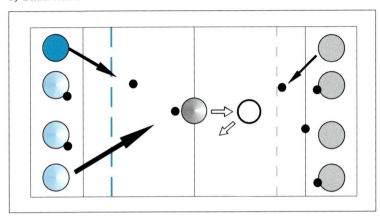

Zwei Teams stehen sich in einem Abstand von ca. 10m gegenüber. Jede Spielerin hat einen Ball. In der Mitte befindet sich ein großer Reha-Ball. Die Teams versuchen nun, durch gezielte Schüsse den großen Ball über die gegnerische Linie zu treiben. Die Spielerinnen dürfen nur hinter ihrer Linie schießen.

Variation 1 Zielball verkleinern oder Kartons verwenden

Variation 2 Beschränkungen der Schussart (nur mit dem linken Fuß, nur Vollspannschüsse usw.)

c) Kegelschießen (Kugelmann & Sinning, 2004, S. 31)

Im Abstand von 2m zur Wand sind Kegel aufgestellt. Die Mädchen legen die Abschusslinie fest und legen ihre Bälle bereit. Pro Versuch haben sie drei Schüsse, um die Kegel umzuschießen. Abgeprallte Bälle von der Wand zählen auch als Treffer, wenn sie dabei einen Kegel umwerfen.

Wettkampfformen: **Variation**
• Wer hat die meisten Kegel umgeschossen?
• Wie viele Schüsse werden benötigt, um alle Kegel zu treffen?

4. Schritt: Vertiefen
d) Pass verwandeln

Die Lehrperson passt den Mädchen den Ball flach von links in den Raum vor dem Tor zu. Die Spielerin läuft los und schießt den Ball ins Handballtor/Hallentor. Später spielt die Spielerin die Trainerin an und diese legt ihr den Ball zum Torschuss auf.

Variation 1	Ball von rechts auf den linken Fuß auflegen.
Variation 2	Torfrau als zusätzliche Hürde einbauen.
Variation 3	Spielerinnen spielen sich im Doppelpass den Ball zu und schließen den Angriff selbstständig ab, mit oder ohne Torwart.
Variation 4	Mit einer Verteidigerin vor dem Tor durchgeführt, diese kann zu Beginn passiv agieren und später aktiv.

Reflexion: Erfahrungen aufarbeiten

5. Schritt: Austausch über Erfolge und Misserfolge
Die Lehrkraft fordert die Spielerinnen auf, darüber zu berichten, wie sie die Aufgabe, kraftvoll, entschlossen und gezielt aufs Tor zu schießen, gelöst haben und wo sie Schwierigkeiten hatten. Sie gibt Tipps zur Verbesserung und Weiterarbeit am Thema.

Die Sache variieren – Aufgaben differenzieren

6. Schritt: Im Spiel anwenden
e) Zonenspiel 3:3

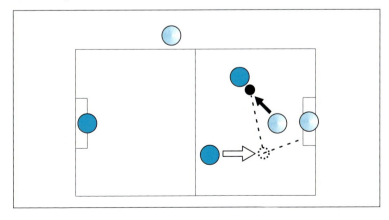

Das Spielfeld besteht aus zwei Zonen von 6x6m. Der Spielraum kann je nach Situation und Können der Gruppe verändert werden. In der Zone vor dem eigenen Tor befindet sich bei einem Angriff der Gegner immer eine eigene Spielerin (Verteidigerin) und im Tor eine Torfrau, sowie zwei gegnerische Angreiferinnen. Die dritte Spielerin verbleibt außerhalb des Feldes in Erwartung eines Angriffs der eigenen Mannschaft. Nach Beendigung des Angriffs der gegnerischen Mannschaft, durch Tor oder Ballverlust, begibt sich die eigene Verteidigerin von ihrer Zone in die gegnerische Zone zum Angriff, wo ihre Mitspielerin auf den Angriff wartet. Die gegnerische Verteidigerin begibt sich vom Angriff nun ebenfalls zurück in die eigene Zone. Die Aufgaben werden nach jedem Angriff durchgetauscht.

f) Fußballspiel mit Joker

Gespielt wird ebenfalls 3:3 oder 4:4 auf zwei Kastentore. Eine zusätzliche Spielerin auf dem Feld, der Joker, verhält sich spielneutral und spielt immer bei der ballbesitzenden Mannschaft. Der Joker darf keine Tore erzielen, sondern lediglich ein Überzahlspiel aufbauen. Er wird regelmäßig ausgetauscht.

Reflexion – über die Stunde hinaus

7. Schritt: Spielend üben, übend spielen – so oft und wo immer sich eine Gelegenheit bietet
Ein Gespräch regt dazu an, nicht nur das eigene Verhalten beim Spielen zu bewerten, sondern auch die Verhältnisse zu erkennen, die das Fußballspielen von Mädchen fördern oder behindern (z. B. unbegrün-

dete oder begründete Bedenken der Eltern, mangelnde Kompetenz von Lehrerinnen/Lehrern, schlecht gepflegte Spielfelder, ungeeignete Sanitärräume, lange Wege zum Training, ungünstige Trainingszeiten). Aufforderung der Mädchen und der für sie und den Fußballsport Verantwortlichen, im Sinne des „Empowerment" mit den Mädchen aktiv zu werden.

Fußballspielen bedeutet Kämpfen

Unerfahrene Spielerinnen haben meist keine klare Vorstellung davon, wie man Torchancen erspielt und Durchbruchsmöglichkeiten im Spiel nutzt. Die Mädchen erkennen erst allmählich, was es heißt, sich mit Köpfchen und körperlichem Einsatz gegen eine oder mehrere Gegenspielerinnen durchzusetzen und den Drang zum Tor zu entwickeln. Die Probleme, die hierbei zu lösen sind:

Angreifen und Kämpfen
- Welche Möglichkeiten gibt es, allein oder mit anderen eine Torschusssituation herauszuspielen?
- Wie kann das Team im Angriff sein Spiel so koordinieren, dass Lücken in der Abwehr entstehen?
- Welche Verhaltensweisen der Mädchensozialisation behindern einen effektiven Angriff und wie können sie überwunden werden?

Gleichzeitig muss aber auch die Verteidigerin lernen, die zunehmend gefährlichen Angriffsaktionen geschickt und effektiv abzuwehren. Im Fußball geht es schließlich nicht nur um das Tore schießen, sondern auch darum Tore zu verhindern (Balz & Dietrich, 1996, 26). Die Probleme, die hierbei zu lösen sind:

Geschickt verteidigen
- Welche Möglichkeiten gibt es, allein oder mit anderen eine anstürmende Gegnerin regelgerecht abzuwehren?
- Wie kann ein Torschuss verhindert werden?
- Wie kann das Team in der Abwehr die Verteidigung so koordinieren, dass keine Lücken entstehen?

Angreifen bedeutet, den Ball abzusichern und sich gegen die Verteidigung mit Hilfe von Körpertäuschungen, Durchsetzungskraft und -willen und geschicktem Passspiel zu behaupten. So kann die Angreiferin sich oder ihre Mitspielerinnen in eine günstige Torschussposition bringen und den Druck aufs gegnerische Tor verstärken. Im Gegenzug dazu bedeutet Verteidigen, sich den Angreifenden in den Weg zu stellen und ihre Absichten zu durchkreuzen, sei es durch geschicktes Stellungsspiel, um Torschüsse zu unterbinden, durch engagiertes Zweikampfverhalten, um den Ball für sich zu gewinnen oder durch schnelles, cleveres und „schamloses" Ausnutzen von Fehlern des Gegenübers.

Beide Seiten sind gezwungen, als Rivalinnen ihre Interessen zu verfolgen und sich mit ihren jeweiligen Zielen durchzusetzen – und dabei dieses Gegeneinander als zentralen Sinn des Miteinander-Spielens zu begreifen. Ein spannendes Spiel entsteht aber nur, wenn die Kräfte von Angriff und Abwehr ausgeglichen sind. Die Probleme, die hierbei zu lösen sind:

- Auf welchen Fähigkeiten und Verhaltensweisen beruht die Chancengleichheit von Angriff und Verteidigung?
- Mit welchen Mitteln können im Wettkampf die Chancen der eigenen Mannschaft verbessert werden, um zu gewinnen?
- Wie sollten die Spielerinnen mit Sieg und Niederlage umgehen, was können beide daraus lernen?

Miteinander und gegeneinander spielen lernen

Angreifen und Verteidigen – Miteinander und gegeneinander kämpfen

Die für das Angreifen und Verteidigen notwendigen Handlungskompetenzen werden in der folgenden Unterrichtseinheit durch „zwingende" Spielvarianten und möglichst spielnahe Übungsformen mit den Mädchen erarbeitet. Die Reflexionsphasen sollten von der Lehrperson je nach Bedarf eingeblendet werden und sind deshalb nicht mehr ausdrücklich gekennzeichnet.

In Szene setzen – erfahren, was kämpfen bedeutet

1. Schritt: Spielerisch experimentieren
Das Spiel „Balldiebin" erfordert ein direktes Zweikampfverhalten im Gefecht um den Ballbesitz. Die Mädchen haben hierbei die Gelegenheit, individuelle Lösungsstrategien, wie sie ihren Ball am besten gegen die Balldiebinnen behaupten, zu entwickeln. Erfahrene Spielerinnen haben kaum Probleme, sich mit ihrem Ball gegen die Angreiferin durchzusetzen. Sie stellen geschickt ihren Körper zwischen Ball und Gegnerin und verhindern den direkten Zugriff der „Balldiebin".

Spielerisch den Ball erkämpfen

2. Schritt: Eigene Verhaltensweisen erkennen, neue kennen lernen
In einem Gespräch mit der ganzen Gruppe werden die Erfahrungen ausgetauscht. Häufige Ballverluste werden berichtet – ein Hinweis

darauf, dass die Abwehr bei unerfahrenen Spielerinnen meist überlegen ist. Die angreifenden Gegnerinnen sind noch unsicher im Umgang mit dem Ball (Dribbeln, Passen) und können nicht gleichzeitig den Ball kontrollieren und die Spielsituation überblicken. Eine Lösung dieses Problems könnte sein, den Abwehrspielerinnen schon frühzeitig zu entkommen und nicht in einen direkten Zweikampf gezwungen zu werden. Wie gelingt das? Indem man sie ablenkt. Mittel der Wahl ist hier die Körpertäuschung.

Finten und Tricks – eine Herausforderung für Spielanfängerinnen

Die Lehrpersonen und erfahrene Spielerinnen zeigen den anderen einige Varianten von Körpertäuschungen. Die Mädchen versuchen nun erneut ihren Ball zu behaupten und probieren Täuschmanöver aus. Sie sind erfahrungsgemäß sehr wissbegierig auf Tipps und Tricks von Seiten der Lehrpersonen. Ein weiteres Ergebnis dieser oder der nächsten Gesprächsrunde könnte sein, dass einige bemerken, wie zurückhaltend, ja schüchtern der Ball voran gebracht und sein Besitz verteidigt wird. Eine Ursache dafür könnte die Mädchensozialisation sein, die aggressives Verhalten nicht fördert. Wie kann man das verändern? Die Mädchen selbst beschließen, sich auf das Kämpfen mehr als bisher einzulassen, den Körperkontakt zu suchen, Freude am Überwinden der Gegnerin und am Sich Durchzubeißen zu spüren. Die Aufgabe besteht bei den folgenden Spielformen darin, hart aber fair zu kämpfen.

Zur Sache kommen – der Kampf um den Ball

3. Schritt: In spielnahen Situationen Angriffsverhalten üben

Durchsetzen und kämpfen in Spielsituationen

Im Ballkampf streiten sich nun zwei Parteien um einen herrenlosen Ball. Diese Aufgabenstellung ergänzt die vorangegangene Übung um den direkten Spielbezug. Die konkurrierenden Mädchen müssen einen in den Raum gespielten Ball als Erste unter Kontrolle bringen, ihn gegen ihre direkte Gegnerin verteidigen, um anschließend einen Torschuss ausführen zu können. Genau wie im richtigen Spiel müssen sie schnell auf einen Pass reagieren, den Willen haben als Erste den Ball zu erreichen und ihn sich nicht mehr streitig machen zu lassen.

Diese Übung zwingt die Mädchen, sich gegen ihre Mitspielerin zu behaupten. Für viele Mädchen stellt dies eine ungewohnte Erfahrung dar. So kann man z. B. beobachten, dass manche Spielerinnen einen Schritt zurückgehen, um der Mitkonkurrentin nicht im Weg zu sein oder ihr versehentlich weh zu tun. Durch die gezielte Aufgabenstellung lernen die Anfängerinnen jedoch sehr schnell, dass sie mit dieser Strategie nicht zum Erfolg kommen. Sie werden ihren Körper gezielter einsetzen und feststellen, dass dies keine negativen Konsequenzen nach sich zieht.

Die Sache vertiefen – das Kämpfen variieren

4. Schritt: Annäherung an Spielsituationen – Schwerpunkt Angreifen
Spielnah werden nun Durchbruchsmöglichkeiten und Torschuss, mit dem Augenmerk auf die Angreiferin, geübt. Zu Beginn sollte die Ausführung der Tricks den Mädchen überlassen werden. Anschließend werden die Varianten der Täuschungsaktion untereinander besprochen und Verbesserungen angeregt, wie z. B. deutliche Gewichtsverlagerung nach links bei Antäuschung eines Durchbruchs nach links damit die Gegnerin auch auf die Finte anspricht. Danach sollte den Spielerinnen genügend Zeit zur Erprobung eingeräumt werden. Die Fußballerinnen lernen, wie wichtig es ist:
* die Täuschung oder den Trick deutlich auszuführen und   **Zeit zum Üben**
* den Ball zu kontrollieren, auch wenn er gerade erst angenommen **einräumen** wurde.

Die Rollen wechseln stetig, die Angreiferin übernimmt die Position der Verteidigerin und diese stellt sich erneut als Angreiferin an. Geübt wird an zwei oder mehr Toren (kleine Tore in den vier Ecken) gleichzeitig.

5. Schritt: Annäherung an Spielsituationen – Schwerpunkt Verteidigen
Der Schwerpunkt verlagert sich im Verlauf der Übung von der Angrei- **Vom Angriff zur** ferin zur Verteidigerin. Den Mädchen muss nun die Chance gegeben **Verteidigung** werden, sich angemessene Reaktionen anzueignen, damit sie als Verteidigerinnen agieren und reagieren können. Gemeinsam wird besprochen, welche Optionen für die Verteidigerinnen zur Verfügung stehen. Diese werden dann in einer erneuten Übungsphase umgesetzt. Zu Beginn der Übungen sollten die Spielerinnen immer ausprobieren, wie ihnen die Umsetzung der Aufgabenstellung am besten gelingt. Anschließend ist es sinnvoll die Erfahrungen, Ideen und Änderungsvorschläge in einem Gespräch zu sammeln und durch Anregungen der Lehrperson zu ergänzen. Zum Ende der Übung stehen sich dann möglichst zwei annähernd gleich starke Parteien, Angreiferinnen und Verteidigerinnen, gegenüber.

6. Schritt: Miteinander/Gegeneinander spielen – zwischen Angreifen **Angreifen und** *und Verteidigen*   **Verteidigen –**
In dieser Phase probieren die Spielerinnen ihre neu gewonnenen Fähig- **Lösungsvorschläge** keiten in einem Spiel 3:3 aus. Sie wenden dabei ihre Erfahrungen aus **ausprobieren**

den vorangegangenen spielnahen Übungen an. Während des Spiels dürfen die Mädchen die bekannten technischen Reduzierungen bei der Ballannahme (z. B. mit der Hand) für sich nutzen. Es ist davon auszugehen, dass vor allem die Anfängerinnen dieses Angebot annehmen. Um die Verteidigung zu unterstützen, kann z. B. festgelegt werden, dass nach einem Torerfolg oder Ballverlust der Angreiferinnen, der neue Angriff erst erfolgen darf, wenn die ehemals angreifende Mannschaft komplett in die eigene Hälfte zurückgekehrt ist und die Chance hat sich zu formieren. Problematische Situationen sollten eingefroren werden und so als Anlass zum Dazulernen dienen. Die Mädchen erkennen und begreifen die taktische Konstellation und entwickeln Ideen für sinnvolle Änderungen. Die erarbeiteten Lösungsvorschläge werden durchgespielt. Mit der Zeit ergeben sich dadurch Ziel führende Handlungsmuster, die bei ähnlichen Aktionen wieder abgerufen werden können. Die Wahrnehmung sinnvoller Spielzüge wird verbessert, ein erweitertes Handlungsrepertoire mit Alternativen steht allmählich zur Verfügung. Die Lehrperson sollte beim „Einfrieren" darauf achten, dass der Spielfluss nicht zu sehr darunter leidet.

Die Praxiseinheiten im Überblick

Thema der Einheit: Angreifen und Verteidigen

ZIELE:
Torchancen erspielen und abschließen; Durchsetzungsvermögen und Zweikampfverhalten schulen.

DAUER: 1.5h, je nach Gruppe mehrere Einheiten.

MATERIAL:
Fußbälle, verschiedene Bälle, 8 Stangen, Hütchen.

In Szene setzen – erfahren, was kämpfen bedeutet

1. Schritt: Spielerisch experimentieren
a) Schütze deinen Ball vor den Angreiferinnen!

In jeder Hallenhälfte bewegen sich fünf Mädchen mit dem Ball im Raum. Die Sechste, die Balldiebin hat keinen Ball. Diese versucht den anderen beim Dribbeln den Ball abzunehmen, die den Ballführende

versucht diesen gegen die Angriffe zu schützen. Ergattert die Balldiebin einen Ball ist sie fortan eine Ballführende und die Spielerin ohne
Ball übernimmt ihre Rolle.

Die Anzahl der Balldiebinnen erhöhen, bis eine 1:1-Situation herrscht. **Variation 1**

Jede Spielerin wird zu einer Balldiebin, sobald sie ihren Ball verloren **Variation 2**
hat, bis alle Balldiebinnen sind.

Ballarten variieren.   **Variation 3**

2. Schritt: Eigene Verhaltensweisen erkennen, neue kennen lernen
b) Aufgabe: wie oben

Die Ballbesitzerin schützt ihren Ball durch ihren Körper und versucht
mit Körpertäuschungen im Vorfeld der Angreiferin zu entkommen.

Zur Sache kommen – der Kampf um den Ball

3. Schritt: In spielnahen Situationen Angriffsverhalten üben
c) Ballkampf

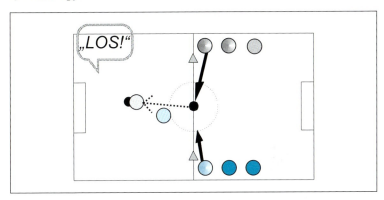

Auf der Mittellinie stehen links und rechts zwei Hütchen. Die Spielerinnen verteilen sich gleichmäßig auf die Hütchen. Auf dem Mittelpunkt liegt ein Ball, auf Kommando läuft von jedem Hütchen ein Mädchen los. Sie müssen sich den Ball erkämpfen, ihn unter Kontrolle bringen und auf ein Tor schießen. Die nicht Ballführende schlüpft automatisch in die Verteidigerrolle.

Variation 1   Der Ball wird von der Lehrperson eingeschossen (Schulung Ballannahme in Spielsituation).

Variation 2   Das Tor, auf welches geschossen werden soll, wird vorgegeben.

Variation 3   Mit Torhüterin und richtigen Abstößen (hohen Bällen).

Die Sache vertiefen – das Kämpfen variieren

4. Schritt: Annäherung an Spielsituationen – Schwerpunkt Angreifen
d) Versuche zum Tor durchzubrechen und schließe die Aktion mit einem Torschuss ab! (Sinning, 2003, S. 115)
In ca. 12 bis 20m Entfernung vor dem Tor ist eine passive Verteidigerin postiert. Die Übung untergliedert sich in drei Teile:

- *Durchbruch ohne Ball*

Die Mädchen laufen auf die Verteidigerin zu, machen eine Körpertäuschung direkt vor ihr und gehen an ihr vorbei, währenddessen wird ihnen ein Ball in den Lauf gepasst. Die Spielerin nimmt diesen an, mit der Hand oder dem Fuß und schießt anschließend auf das Tor. Ziel: Die Gegnerin zu täuschen, um in eine günstige Anspielposition mit guten Torschussmöglichkeit zu gelangen.

- *Ballannahme/-mitnahme mit anschließendem Durchbruch*

Der Ball wird zugespielt, von der Spielerin in einer flüssigen Bewegung angenommen und ein Durchbruchversuch eingeleitet. Die Ballannahme kann bei Bedarf technisch erleichtert werden (Ball fangen oder von der Hand abprallen lassen). Die Vereinfachungen helfen den Mädchen, sich auf die Finte und das Ausspielen zu konzentrieren. Ziel: Die Gegnerin mit Ball zu fintieren, um in eine günstige Schussposition zu gelangen.

- *Ballannahme kurz vor der Verteidigerin, anschließend Durchbruch*
Die technischen Anforderungen werden belassen. Der Ball wird kurz vor der Verteidigerin zugespielt, sodass der Ball für die weitere Hand-

lung sinnvoll vorgelegt werden kann. Die Täuschung sollte möglichst nahe an der Gegnerin durchgeführt werden, um an ihr vorbei zu einer vielversprechenden Torschussgelegenheit zu kommen. Ziel: Den Ball gegen die Verteidigerin abschirmen und durch Täuschung in eine gute Torschusslage zu kommen.

5. Schritt: Annäherung an Spielsituationen – Schwerpunkt Angreifen
e) Versuche den Durchbruch und einen Torschuss zu verhindern.
Der Schwerpunkt liegt hier bei der aktiven Verteidigerin und ihren Möglichkeiten, auf Angriffe und Finten zu reagieren. Der Übungsaufbau ist identisch zu c.

• *Angreiferin kommt ohne Ball*
Die Angreiferin bewegt sich ohne Ball auf die aktive Verteidigerin zu und täuscht den Durchbruch auf eine Seite an. Die Abwehrspielerin nähert sich langsam der Spielerin – stets reaktionsbereit, um nicht vor-

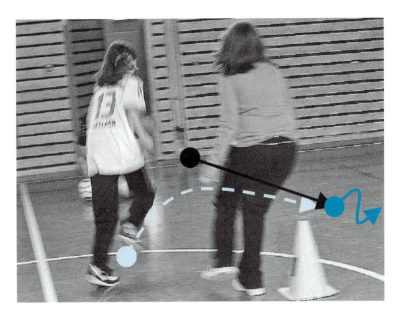

schnell auf deren Täuschmanöver zu reagieren. So hat sie die Chance den Durchbruch zu stoppen und das Anspiel zu verhindern.

* *Angreiferin kommt mit Ball*

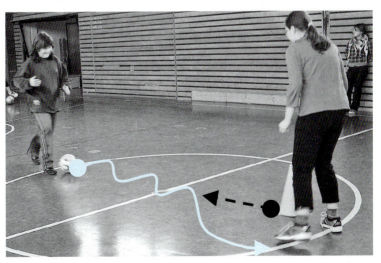

Die Ballführende dribbelt auf die Verteidigerin zu. Diese muss lernen (durch Versuch und Irrtum, aber auch durch Ratschläge der Lehrperson), dass nicht die Bewegung der Gegnerin, sondern nur der Ball von Bedeutung ist. Die Aufmerksamkeit muss also dem Ball gelten, um Täuschungen zu vermeiden und Durchbrüche zu vereiteln. Die Verteidigerin kann dann den direkten Weg zum Tor weiterhin blockieren oder sogar in Ballbesitz gelangen. Der Angriff kann nicht mit einem Torschuss beendet werden und muss erneut aufgebaut werden.

• *Angreiferin erhält den Ball kurz vor ihrer Gegnerin*

Hier ergeben sich für die Verteidigerinnen weitere Möglichkeiten des Abwehrens eines Angriffs. Die Verteidigerin kann die Angreiferin den Ball annehmen lassen, sich nicht von ihr täuschen lassen und weiterhin den Weg zum Tor abzudecken (wie oben). Oder aber sie reagiert schon früher und vereitelt die Ballannahme der Angreiferin. Sie kann vor der Angreiferin am Ball sein und somit den Angriff bereits vor der Ballannahme beenden. Oder sie stört die Ballannahme durch Körpereinsatz und hat die Chance in Ballbesitz zu gelangen und so den Angriff zu beenden.

6. Schritt: Miteinander/gegeneinander spielen – zwischen angreifen und verteidigen
f) Spiel: 3:3
Gespielt wird 3:3 auf Hütchentore. Technische Erleichterungen der Ballannahme sind weiter erlaubt. Nach einem vereitelten oder erfolgreichen Angriff darf die andere Mannschaft erst angreifen, sobald die

ehemaligen Angreiferinnen in ihre Hälfte zurückgekehrt sind, um sich zu formieren. Problematische Situationen sollen eingefroren werden, um Fehler bewusst zu machen und Lösungen zu finden.

Ein attraktives Fußballspiel selbst organisieren und durchführen

Mädchen stellen eine Mannschaft auf und legen die Spielregeln fest

In dieser Einheit sollen die Mädchen erfahren, was zum Gelingen eines Spiels unter den von der Gruppe gegebenen technischen und taktischen Voraussetzungen gehört. Sie planen selbstständig die Bildung der Teams und die für Spannung sorgenden Regeln. Ziel ist, ihr Spielverständnis, ihre Selbstständigkeit und ihre Teamfähigkeit zu fördern. Fragen wie die folgenden werden gestellt:

• Was gehört zur Durchführung eines Fußballspiels?
• Welche Regeln sind nötig, welche können offen bleiben, um den Spielfluss zu fördern?
• Welche Regeln sind sinnvoll, damit das Spiel durch gleiche Chancen der Teams spannend bleibt?

Erkenntnis – Regeln sind notwendig aber auch flexibel

Die Anfängerinnen entwickeln ein Verständnis für die Notwendigkeit von Regeln und gleichzeitig für die Veränderbarkeit von Regeln im Sinne des Spielgedankens. Die Mädchen sollen somit auch zukünftig so kompetent sein, selbstständig mit ihren Freunden ein Spiel zu organisieren. Diese Fähigkeit ermöglicht es ihnen selbstständig ein attraktives und spannendes Fußballspiel aus den gegebenen Rahmenbedingungen zu entwickeln. Sie sollen in der Lage sein, gemeinsam die Wahl des Spielgeräts, des Spielfeldes, die Tore, die Mannschaften und die Regeln zu koordinieren, um ein faires und ausgeglichenes Spiel durchführen zu können. Zur Schulung dieser Fähigkeiten ist es sinnvoll die Praxiseinheit zu unterteilen. Der erste Teil beinhaltet die selbstständige Organisation eines Fußballspiels. Im darauf folgenden zweiten Teil werden die Ergebnisse gruppenweise von den Mädchen reflektiert. Inhalt dieser Reflektionsphase ist z. B. eine kurze Einführung in die spielbestimmenden (konstitutionellen) Regeln des Fußballspiels und der Vergleich zwischen den selbst aufgestellten Regeln der Mädchen für das Spiel und den traditionellen institutionellen Regeln. Die Spielerinnen sollen den Sinn der Regeln nachvollziehen können, diese aber auch kritisch hinterfragen, um ihre Veränderbarkeit zu erfahren.

1. Schritt: Selbstorganisation

Die einzelnen Gruppen sollten eine Stunde Zeit haben, um ein Fußball- **Lehrperson regt** spiel nach ihren Wünschen zu organisieren. Dabei ist den Lehrpersonen **Spielideen an** angeraten keine genauen Vorgaben zu machen, sondern lediglich Anregungen zu geben und assistierend zur Seite zu stehen. Demnach müssen sich die Spielerinnen selbstständig für ein Spielgerät entscheiden, den Spielort und seine Grenzen gruppenintern festlegen und die Torformen auswählen. Erfahrungsgemäß bereitet die Mannschaftseinteilung den Mädchen Schwierigkeiten. Wer soll über die Einteilung entscheiden? Sind die Spielerinnen so verteilt, dass ein faires Match zustande kommen kann? Meistens werden auch die regulären Spielregeln von den Mädchen nicht hinterfragt, sondern zunächst lediglich adaptiert. Während des Spielverlaufs kann sich dies jedoch noch ändern und der Sinn für Regelanpassungen wird vielen Anfängerinnen dann bewusst.

2. Schritt: Reflexion und Regelkunde

Die Mädchen erkennen und reflektieren die Probleme ihres selbst orga- **Zweckmäßige** nisierten Spiels sehr schnell. So merken sie z. B., dass eine oder mehrere **oder weniger** sehr starke Spielerinnen (Fortgeschrittene) das Geschehen dominieren **zweckmäßige** können. Was ist zu tun um die Spielanteile gleichmäßiger zu vertei- **Regeln?** len? Wenn sich die Regeln, die die Mädchen aufstellen, nicht von den herkömmlichen unterscheiden, sollten die wichtigsten Fußballregeln nochmals kurz erklärt und ihr Sinn diskutiert werden. Auf Nachfragen und Anregen der Lehrperson können sinnvolle Regelabänderungen das Spielverständnis der Anfängerinnen aber auch der Fortgeschrittenen bereichern.

Die Praxiseinheit im Überblick

Thema:
Ein attraktives Fußballspiel selbst organisieren und durchführen

ZIELE:
Spielverständnis schulen; Regeln entwickeln und verstehen; selbstständiges Spielen fördern.

DAUER: 1.5h

MATERIAL:
Muss alles von den Schülern selbst organisiert werden. Sie verwenden vorhandene Materialien.

In Szene setzen

a) Selbstorganisation

Die Spielerinnen haben eine Stunde Zeit, um ein Fußballspiel zu organisieren und zu spielen. Sie müssen sich um den Spielort, das Spielgerät, die Tore etc. selbst kümmern. Außerdem sind sie verantwortlich für die Mannschaftseinteilung und die Spielregeln, nach denen sie spielen wollen. Lehrpersonen assistieren bei Fragen und Schwierigkeiten.

b) Reflexion und Regelkunde

In Anlehnung an die in der Diskussion mit den Mädchen gefundenen Spielregeln, werden nun die konstitutionellen Spielregeln des DFB besprochen, verglichen und diskutiert. Die Mädchen lernen die Veränderbarkeit der Regeln kennen und können Regeln gezielt als Mittel der Spielgestaltung einsetzen, um faire, attraktive und spannende Spiele zu erfahren.

Klassisches Fußballtraining – Thema: „Mädchen trifft Fußballkultur"

Kapitel

5

Klassisches Fußballtraining – Thema: „Mädchen trifft Fußballkultur"

Der vorliegende Band beansprucht, einen Adressaten orientierten Lehrgang zu beschreiben. Fußballerisch eher unerfahrenen Mädchen soll jedoch gezeigt werden, was sie erwartet, falls sie sich für eine Wettkampfkarriere mit regelmäßigem Spielbetrieb im Verein entscheiden. Neugier und Interesse am organisierten Sport werden geweckt und Ängste abgebaut. Gleichzeitig wird in der Begegnung mit der traditionellen Trainingskultur diese kritisch betrachtet. Die Mädchen gewinnen in der Auseinandersetzung mit dem Fußballsport Erfahrungen, um die Qualität eines Trainingsangebots einschätzen zu lernen. Auf dieser Grundlage wird es ihnen möglich, kompetent und mündig darüber zu entscheiden, ob, und wenn ja, wo und in welchem Rahmen jede Einzelne ihre Fußball-Laufbahn weiter verfolgen möchte. So kann die Nachhaltigkeit des Lehrgangs und das Ziel der Mündigkeit der Teilnehmerinnen realisiert werden.

Mädchen proben das Vereinstraining

Das „klassische" Fußballtraining ist in der Regel durch die Perspektive „Leistungssteigerung und Leistungsvergleich" und von Zielen der Wettkampfvorbereitung geprägt. Hier steht also der *Sport* mit seinen institutionalisierten Regeln und den üblicherweise erstrebten Fähigkeiten und Fertigkeiten im Mittelpunkt.

Aus sportspieldidaktischer, bewegungspädagogischer, entwicklungspsychologischer und mädchenorientierter Sicht wäre es wünschenswert, dass sich das klassische Vereinstraining für Kinder und Jugendliche weniger als bisher an Fehlerkorrektur und Leistungsdruck orientiert. Qualität des Fußballtrainings entsteht, wenn Erfolgserlebnisse vermittelt und Stärken der Lernenden gefördert werden (vgl. dazu z. B. Wein, 2007 und SZ vom 14./15. 6. 2008). Doch leider ist die Realität in vielen deutschen Fußballvereinen nach wie vor von einem Sport bezogenen, wenig kindgemäßen Trainingsstil geprägt. Wer daran teilhaben will, muss zunächst mitmachen – sollte aber die Möglichkeit haben, sich kritisch dazu zu verhalten. Das bildungstheoretisch begründete Konzept des Fußballlehrgangs für Mädchen hat sich zum Ziel gesetzt, Mädchen in diesem Sinne nicht nur im Fußballsport auszubilden, sondern sie für die selbst bestimmte und mitbestimmende Teilhabe an der Fußballkultur zu befähigen – im Sinne des Empowerment also zu *bilden*. Mädchen werden dadurch befähigt, sich für oder gegen eine „Karriere" im Verein zu entscheiden und ihre Entscheidung zu begründen.

Klassisches Vereinstraining für Spielanfängerinnen kritisch hinterfragt

Erwärmung, Hauptteil, Auslaufen

Die im Folgenden geschilderte und erprobte Praxiseinheit „*Fußball trainieren*" folgt dem, als „klassischer Dreischritt" bekannten Aufbau einer Trainingsstunde in Form von Aufwärmen, Hauptteil mit Technik- und Taktikübungen, Spielphase und abschließendem Auslaufen/ Cooldown. Für diese Trainingseinheit kann jedes beliebige, zu den Vorerfahrungen und zum Könnensstand passende Ziel bzw. Thema gewählt werden. Empfehlenswert ist es, dazu einen „richtigen" Trainer (oder eine Trainerin) aus dem Leistungssport/Vereinssport als Gast einzuladen, der Professionalität und Erfahrung signalisiert und den Unterschied zum eher pädagogisch orientierten Lehrgang deutlich werden lässt.

Um die Erfahrungen der Einheit „Mädchen trifft Fußballkultur" vorzubereiten und aufzuarbeiten, sind zu Beginn und am Schluss, eventuell auch zu einem späteren Termin, Reflexionsphasen unerlässlich. Die Gespräche befassen sich mit:

Sprechen über die Lehr- und Lernmethoden

- Fachlichen Aspekten (wie wird hier gelehrt und gelernt, worin bestehen klassische Übungs- und Trainingsformen? Wie unterscheidet sich „klassisches" Training von den bisher bekannten Stunden des Lehrgangs „Mädchen spielen Fußball"?).
- Mädchen bezogenen Aspekten (z. B. Fragen wie: Wo konnte ich solche Erfahrungen im Laufe meines Mädchenlebens schon machen oder sind sie mir noch fremd? Warum?).
- Individuellen Erfahrungen und Eindrücken (Fragen wie: Fühle ich mich von dieser Art des Trainings angesprochen oder eher unwohl? Warum? Kann ich das ändern?).
- Organisatorischen und institutionellen Informationen (Wo gibt es den nächsten Verein mit Mädchen-/Frauenfußball? Was kostet die Mitgliedschaft? Welche Verpflichtungen gehe ich dabei ein? Welche Rechte habe ich? Welche Qualifikationen sollte ein/e kompetente/er Trainer/in vorweisen?).

Weg zum Vereinsfußball ebnen

Den teilnehmenden Mädchen soll durch die Erfahrung des Trainings und die Reflexion darüber der Übergang zum organisierten Sport eröffnet und Hemmungen vor der Teilnahme an einem Vereinstraining abgebaut werden. Schließlich soll ja den interessierten und motivierten Spielerinnen der Weg zum Fußball als Vereinssport geebnet werden, sodass sie in den Genuss der Vorteile des organisierten Sports (Talentförderung, ausgebildete TrainerInnen, auf Wunsch geregelter Wettkampfbetrieb) kommen.

1. Teil: Aufwärmen

Die Stunde beginnt typischerweise mit einem Aufwärmteil, der in die- **Klassische** sem Fall aus einem laufintensiven Fuß-Parteiballspiel mit anschlie- **Spielform zu** ßendem kurzem Andehnen der Muskulatur bestehen soll. Diese Spiel- **Beginn** form zielt schon auf den späteren Hauptteil Freilaufen[2] ab. Die Mädchen müssen sich frei bewegen, um von ihren Teamkolleginnen angespielt werden zu können. Die Zuspiele erfolgen durch Passen und Stoppen (wer das noch nicht richtig kann, darf auch mit der Hand zuwerfen und fangen). Diese Erfahrungen sind für das spätere Fußballspiel von großem Nutzen, weil die Mädchen erleben, welche Laufwege sinnvoll und welche Positionen weniger nützlich sind.

2. Teil: Verbesserung der Schnelligkeit und Ballführung und Arbeit am Freilaufen

Der Hauptteil des Trainings beinhaltet Schnelligkeit, Ballführung in Zusammenhang mit dem Thema Freilaufen. Diese Inhalte werden in verschiedenen Spiel- und Übungsformen geübt. Die Lehrperson übernimmt während der Einheit die Führung und gibt klare Anweisungen, wie die Übungen aussehen sollen. Begonnen wird dieser Teil mit Sprintübungen, gefolgt von Dribbelübungen und anschließender Kombination aus beiden beim ‚Formeleins-Rennen'. Die Mädchen können so ihre Dribblingfähigkeiten weiter ausbauen und an ihrer Schnelligkeit arbeiten. Den Ballführungselementen folgen Spielformen zur Schulung des Freilaufens als zentralem Thema. Gespielt wird zuerst auf ein Dreieckstor, bei dem von allen Seiten Tore erzielt werden können.

3. Teil: Spiel

Den Ballführungselementen folgen Spielformen, die die Schulung des Freilaufens als zentrales Thema haben. Gespielt wird zuerst auf ein Dreieckstor, bei welchem von allen Seiten Tore erzielt werden können. Das Spiel im Anschluss daran findet auf vier Tore statt, wovon immer zwei zu einem Team gehören. Diese Spielform schult die Orientierungsfähigkeit, eröffnet mehr Anspielstationen durch größeres Raumangebot und fördert das Spielverständnis. Jede Unaufmerksamkeit wird sofort durch das Spiel „bestraft", weil nicht nur auf zwei gegenüberlie-

2 Die Themenwahl dieser Übungsstunde „Klassische Fußballtrainingseinheit" kann von
    der Lehrperson beliebig gestaltet werden.

gende Tore gespielt wird, sondern auf vier Tore, die mehrere Möglichkeiten eröffnen. Besonders auffallende Situationen, positiv wie negativ, werden „eingefroren" (vgl. dazu Bemerkungen zum genetischen Lehr-Lern-Konzept Kap. 2) und von der Lehrperson kommentiert. Auslaufen und darauf folgendes Dehnen runden die klassische Fußballtrainingseinheit ab.

4. Teil: Reflexion – Unterschiede zwischen den Trainingsstilen

Klassisches Fußballtraining – was fällt auf?

Die Aufgaben des Lehrgangs (Kapitel 2 bis 4) sind für die Anfängerinnen nicht nur körperlich anstrengend, sondern fordern die Mädchen auf mehreren Ebenen. Die Spielerinnen sind gezwungen ihre Wahrnehmung bewusst zu lenken und zu schulen. Sie müssen selbstständig Lösungen für Probleme suchen und z. B. auch ihre Mannschaften eigenverantwortlich einteilen. Sie tragen in einem wesentlichen Umfang zur Gestaltung der Praxiseinheiten bei. Im klassischen Training dagegen befolgen sie in der Regel nur Anweisungen, ohne sich selbst über den Sinn und Zweck der gestellten Aufgaben Gedanken machen zu müssen. Die Fragen der Lehrkraft im Gruppengespräch lenken die Aufmerksamkeit auf diese Unterschiede und fordern zur kritischen Bewertung und zu Veränderungsvorschlägen auf. Die Idee, ein Training oder Spiel einer von (jugendlichen) Vereinsmannschaften zu beobachten, ermuntert zur Annäherung an die herrschende Sportkultur und zur kritischen Auseinandersetzung mit ihr.

Besucht ein Spiel oder Training einer Vereinsmannschaft und beobachtet!

Die Praxiseinheiten im Überblick

**Thema der Einheit: Klassisches Fußballtraining –
Thema: „Mädchen trifft Fußballkultur"**

ZIELE:
Vorstellung eines Vereinstrainings; Auseinandersetzung mit den unterschiedlichen Vorgehensweisen; Vertiefung der gelernten Fähigkeiten.

DAUER: 1 bis 2 Doppelstunden

MATERIAL:
Leibchen, Bälle, Hütchen, Bodenmarkierungen.

1. Teil: Aufwärmen

Welches Team schafft die meisten Ballkontakte?

Zwei Teams treten gegeneinander an. Gespielt wird Fuß-Parteiball (ungeübte Spielerinnen dürfen auch mit der Hand spielen) in einem Halbfeld, aber ohne dribbeln und ohne Tor. Ziel ist, den Ball möglichst lange in den eigenen Reihen hin- und herzupassen. Die Spielerinnen dürfen max. drei Schritte mit dem Ball in der Hand machen, dann muss abgespielt werden. Die andere Mannschaft versucht, durch geschicktes Stellungsspiel in Ballbesitz zu kommen.

Die Mädchen sind gezwungen, sich im abgesteckten Raum zu bewegen und sich freizulaufen, um den Teamkolleginnen eine Abspielmöglichkeit zu geben. Die Spielerinnen können sich so auf das Freilaufen und das Erkennen von Anspielstationen konzentrieren, ohne hohe technische Anforderungen bewältigen zu müssen.

Dehnen

Kurzes Dehnprogramm in einem Kreis. Jedes Gruppenmitglied macht eine Dehnübung vor. Lehrpersonen helfen gegebenenfalls aus.

2. Teil: Verbesserung der Schnelligkeit und Ballführung und Arbeit am Freilaufen

Sprintübungen
- Steigerungsläufe bis zur Mittellinie, danach locker auslaufen bis zum Ende der Halle. Das Ganze fünfmal.
- Staffelwettbewerb.

Zwei Teams verteilen sich auf die zwei Hütchen. Vor diesen Hütchen stehen drei Hütchen jeweils im Abstand von 5 bis 10m. Die Startläuferin pro Team hat einen Ball in der Hand. Auf das Startsignal hin sprinten sie zum Hütchen, legen dort ihren Ball ab und rennen zurück. Die zweite Läuferin startet sobald sie abgeklatscht ist zum ersten Hütchen, holt den Ball wieder und übergibt ihn der dritten Läuferin. Diese legt den Ball erneut zum ersten Hütchen usw., bis die letzte Läuferin an der Reihe war. Beim zweiten Durchgang wird immer bis zum zweiten Hütchen gelaufen und der Ball dort abgelegt und geholt. Im dritten Durchgang entsprechend bis zum letzten Hütchen. Im vierten und letzen Durchgang läuft die Erste zum ersten Hütchen, um den Ball abzulegen. Die Zweite holt ihn für die Dritte und diese wiederum läuft nun zum 2. Hütchen. Der Ball wandert nun immer ein Hütchen weiter und dann wieder zurück. Zwischen den Durchgängen werden kurze Pausen gemacht.

Dribbelübungen

Die Spielerinnen stellen sich dafür auf der ganzen Breite der Halle nebeneinander mit einem Fußball auf. Pro Hallenbahn wird der Ball anders geführt, die Lehrperson kündigt die Technik an, z. B.:
- Nur mit dem linken Fuß.
- Nur mit dem rechten Fuß.
- Nur mit der Innenseite des Fußes.
- Nur mit der Außenseite des Fußes.

- Seitlich den Ball mit der Sohle mitnehmen.
- Links und rechts den Ball abwechselnd führen.

Bei Geübten kann der Ball auch rückwärts mitgenommen werden oder als Übersteiger.

Formeleins

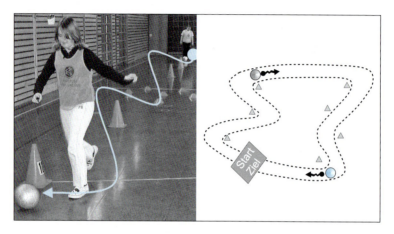

Mit kleinen Hütchen oder Volleyballmarkierungen wird eine „Rennstrecke" abgesteckt und Start und Ziel markiert. Es starten immer zwei Mädchen gegeneinander und versuchen schnellstmöglichst durch die Strecke zu dribbeln und im Ziel anzukommen. Bei sehr ballsicheren Mädchen (Fortgeschrittene) kann die Zahl bis auf vier gesteigert und die Anforderung erhöht werden.

3. Teil: Spiel

Fußballspiel auf ein Dreieckstor

Zwei Mannschaften spielen auf ein dreiseitiges Hütchentor mit einer Torhüterin. Durch geschicktes Passspiel versucht die ballbesitzende Mannschaft, ein Tor zu erzielen. Tore können von allen drei Seiten geschossen werden. Gelingt ein Torerfolg oder verliert ein Team den Ball an das andere Team, können diese ihren Angriff aufbauen, aber erst nachdem sie den Ball hinter einer der beiden Linien für ihr Team scharf gemacht haben (ähnlich dem Streetball).

Abschlussspiel auf vier Hütchentore

Die zwei Mannschaften spielen auf jeweils zwei gegnerische Tore und müssen zwei eigene Tore verteidigen. Die Lehrpersonen können wiederum bestimmte Situationen einfrieren, um den Mädchen Möglichkeiten für geschickte Laufwege oder sicheres Abwehrverhalten aufzuzeigen.

Kurzes Auslaufen und Dehnen

Lockeres Laufen durch die Halle. Im Anschluss dehnen der Muskulatur.

4. Teil: Reflexion – Unterschiede zwischen den Trainingsstilen

Gesprächsrunde, beispielsweise mit folgenden Fragen: Wie hat es euch gefallen? Was habt ihr gelernt? Was war anders als sonst? Wie habt ihr euch gefühlt bei der Aufgabe 1, 2 oder 3? Worin besteht wohl der Sinn eines solchen Trainings? Warum gefällt das den einen, den anderen jedoch weniger? Geht mal auf den Fußballplatz, wenn Vereinsmannschaften trainieren oder spielen. Beobachtet den Trainer, die Trainerin, die Spieler, die Spielerinnen, bei Jugendmannschaften auch die Eltern. Was fällt euch auf? Gefällt euch, was ihr seht? Warum? Warum nicht? Wie wünscht ihr euch euren Trainer/eure Trainerin?

Vielfalt und Abwechslung bei der Begegnung mit dem Fußballspiel

- „Der Fußball und wir" – Mindmapping
- Rhythmus und Lernen im Fußballtraining
- Geschicklichkeitsparcours
- Weltmeisterschaft der Tiere als Wettkampfform
- Die Biathlonstaffel
- Das Fußballquiz
- Das Fußballturnier

Kapitel

6

Vielfalt und Abwechslung bei der Begegnung mit dem Fußballspiel

Dieses Kapitel enthält Ideen und Anregungen für Stunden oder Stundenteile. Sie sind geeignet, den Lehrgang abwechslungsreich, mehrperspektivisch, situativ angepasst und mit vielfältigen Anforderungen zu gestalten. Das Prinzip der folgenden Vorschläge besteht darin, den Kursteilnehmerinnen Gelegenheit zu geben, die Welt des Fußballspiels mit „Kopf, Herz und Hand" (Fuß) zu erkunden. In diesem Sinne können die folgenden Ideen beliebig in den Unterricht bzw. das Training integriert werden, soweit sie zum jeweiligen Thema passen (oder daran angepasst werden). Die Auswahl der Praxisideen folgt dem Prinzip der Mädchenorientierung, indem einerseits an Vorerfahrungen der Spielerinnen angeknüpft wird (Rhythmus, Tierliebe, Geschicklichkeitsspiele), andererseits aber auch neue Erfahrungen vermittelt werden (Idee des Biathlon-Wettkampfes, Wissen über Fußball, Wettkampf in einem Turnier). In diesem Sinne kann und soll die folgende Liste nach den spezifischen Bedürfnissen der jeweiligen Lerngruppe ergänzt werden.

Fußball – auch Kopfsache und Herzensangelegenheit

Praxisideen im Überblick:
- „Der Fußball und wir" – Mindmapping
- Rhythmus und Lernen im Fußballtraining
- Geschicklichkeitsparcours
- Weltmeisterschaft der Tiere
- Die Biathlonstaffel
- Das Fußballquiz
- Das Fußballturnier

„Der Fußball und wir" – Mindmapping

Die zentrale Frage dieser Stunde könnte lauten: „Was bedeutet für mich/für uns das Fußballspiel"? An dieser Stelle wird den Mädchen die Möglichkeit gegeben „ihren Fußball" bildlich, grafisch und symbolisch darzustellen und sich damit auf eine nicht nur reflexive und verbale, sondern auch ästhetische Weise mit ihren Vorerfahrungen und der bestehenden Fußballkultur auseinander zu setzen.

Fußball aus einer anderen Perspektive

1. Schritt: Klärung der Erwartungen
Das Thema „Der Fußball und wir" wird mit einem Gespräch eröffnet. Zunächst könnte die Stunde mit der Frage nach den Erwartungen der Teilnehmerinnen an den Fußballsport begonnen werden. Auch ein kleiner Film oder Bilder mit Kampfszenen und spektakulären Torschusssi-

tuationen, mit misslungenen Aktionen und gefühlsgeladenen Ereignissen lassen sich als Anlass zum Austausch über Hoffnungen und Ängste, Erfahrungen und subjektive Theorien einsetzen.

2. Schritt: Gestalterische Darstellung des Fußballs

Kreativ sein ist gefragt

Im nächsten Schritt werden den Spielerinnen die Materialien zur Darstellung vorgestellt:

- Flipcharts.
- Stifte.
- Papier.
- Sportzeitschriften (z. B. Bravo-Sport, Kicker).
- Infomaterialien zum Fußball für Mädchen (www.dfb.de – Internetbereich für Mädchen).
- Kleber, Schere.

Die Mädchen erhalten nun die Aufgabe, in Gruppen ein gemeinsames Bild, eine Collage zu erstellen. Ziel ist es, „ihren Fußball" bildlich darzustellen. Den Ideen sind keine Grenzen gesetzt. Sie können z. B. zum Ausdruck bringen:

Zeichnen, Kleben, Beschriften – alles was zum Fußballsport zu sagen ist

- Was sie am Fußballsport besonders verlockend und einmalig finden.
- Welche Vorbilder, Idole und Stars sie haben.
- Was sie gerne durch das Fußballspielen erreichen möchten.
- Was sie befürchten.
- Was Eltern (Mütter) und Lehrerinnen vom Fußballspiel für ihre Töchter/Schülerinnen halten.

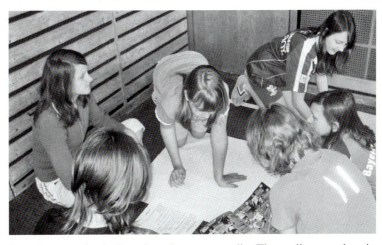

Mit der gestalterischen Annäherung an die Thematik entsteht ein Bewusstsein für die individuellen Facetten und sozialen Konstruktionen des Fußballsports.

3. Schritt: Vorstellung der Ergebnisse

Die Gruppen stellen den anderen ihr „Kunstwerk" vor, erläutern seine Bedeutung, ihre Ideen und deren Umsetzung. Die Poster können in den nächsten Stunden an der Hallenwand ausgestellt und immer wieder in die Gruppengespräche miteinbezogen werden.

Rhythmus und Lernen im Fußballtraining

Ungeübten Fußballerinnen fällt es häufig schwer, bei komplexen Bewegungshandlungen den „richtigen" Bewegungsfluss bei der Lösung von Bewegungsproblemen zu finden, der Könnerlösungen charakterisiert. Mitreißende Rhythmen, z. B. die von Salsa oder Hip hop, lenken von der Anspannung, es „richtig" machen zu wollen ab und erleichtern so das Lernen. Denn mit dem Rhythmus geht ein eher intuitives Erfassen einher, dass sich in gelingenden Bewegungen offenbart, bevor es uns bewusst wird (vgl. Kunz, 2004). Es geht dann nicht mehr darum, bloße Bewegungstechniken zu reproduzieren, sondern vielmehr darum, sinnvolle Bewegungsgestalten herzustellen, z. B. Passen und Stoppen des Balles (an die Wand oder zur Partnerin), Dribbling im Slalom, Antäuschen und Vorbeiziehen). Durch die pädagogische Inszenierung rhythmischer Übungs- und Spielarrangements sollen Hemmungen, sich auf neue, komplizierte Bewegungserfahrungen einzulassen, abgebaut werden (vgl. dazu Weigelt & Schlesinger, 2006).

Die mit dem Ball tanzen

Viele Mädchen bringen aber den Rhythmus eher mit kompositorischen Sportarten in Verbindung und werden anfänglich der Sache etwas skeptisch gegenüberstehen. Der Hinweis darauf, dass sogar die weltbesten Fußballerinnen mit dem Ball „tanzen", macht die Nähe von Ballspielen und Tanzen deutlich.

An Vorerfahrungen mit Rhythmus anknüpfen

Bei genauerem Beobachten werden die Lernenden feststellen, dass sich ein gewisser Rhythmus hinter jeder flüssigen, sicheren und geübten Bewegung (im Fußball) versteckt. „Rhythmus gilt als allgemeines Gestaltungsprinzip jeglichen Bewegens", (Scherer, 2001, 14). Deshalb kann er auch einen Beitrag zum Erlernen von Bewegungen im Fußballsport leisten. Der Vorschlag zu dieser Praxiseinheit orientiert sich an den von Kunz (2004) sowie Weigelt & Schlesinger (2006) beschriebenen Unterrichtseinheiten zum Thema Rhythmus und Fußballspielen.

Einstimmen

Den Mädchen wird das Vorhaben „Rhythmus und Fußballspielen" zu Beginn der Praxiseinheit erklärt. Sie werden Fußball im Kontext von Rhythmus und Musik erleben. Der Rhythmus stellt eine unbewusste Ablenkung für die Anfängerinnen dar. Sie konzentrieren sich auf einen anderen Schwerpunkt, um einen Bewegungsfluss bei ihren Handlungen herzustellen. Diese Stunde ist auch für erfahrene Spielerinnen neu und spannend.

1. Schritt: Vorstellung des Themas und Bezug zum Fußball

Ideen der Mädchen mit einbeziehen! Die Lehrperson stellt zu Beginn den Inhalt der Stunde und die benötigten Materialien vor. Eine Einstiegsfrage kann lauten: Wo vermutet ihr im Fußball Rhythmus? Die Antworten der Mädchen und das anschließende Gespräch lassen erkennen, dass man ihn erst finden und fühlen muss, bevor man den Rhythmus für sich nutzen kann. Zu diesem Zweck ist es sinnvoll, zunächst einige einfache Rhythmusübungen durchzuführen. Unter Berücksichtigung der Ideen und Vorschläge der Spielerinnen wird der weitere Übungsverlauf (vom rhythmischen Erwärmungsprogramm über fußballspezifische Bewegungsformen bis hin zum abschließenden Turnier) besprochen. In diesem Zusammenhang erfolgt auch die Vorstellung der eingesetzten Rhythmusinstrumente (Trommeln, Rasseln, usw.) und der Musik.

2. Schritt: Aufnahme des Rhythmus in einfachen Bewegungen

Von Beginn an bewirken Klatschrhythmen, verschiedenartige Schrittfolgen und synchrone Bewegungen das Finden und Lösen von neuen

und ungewohnten Bewegungsaufgaben. Die Lehrperson klatscht und trommelt verschiedene Rhythmen vor und die Mädchen versuchen, diese nachzuklatschen. Die Spielerinnen finden selbst heraus, wie Füße und Körper auch mit einbezogen werden. Dafür gehen sie in Kleingruppen zusammen und üben mit Trommeln, Rasseln, Klangstäben usw. Die Gruppenmitglieder sind aufgefordert, selbst Rhythmen vorzugeben und in ihre Bewegungen aufzunehmen. Anschließend kann mit Musik (z. B. brasilianische Salsa-Rhythmen) geübt werden. Sollten die Mädchen Schwierigkeiten bei der Übungsfindung haben, gibt die Lehrperson zunächst die Rhythmusfolgen (siehe anschließende Übungsvorschläge) vor (vgl. Hyballa, 2002).

Verschiedene „Instrumente" kommen zum Einsatz

Zwei nebeneinander stehende Spielerinnen versuchen, die Übungen synchron auszuführen:

Brasilianische Rhythmusschulung

- Hände klatschen vor, dann hinter dem Körper.
- Zweimal klatschen vor, dann hinter dem Körper und über dem Kopf.
- Vor dem Körper klatschen, auf die Oberschenkel und auf die Schultern.
- Hopserlauf, klatschen vor und hinter dem Körper.
- Schlangenlinienlauf: Nach drei Schritten nach rechts jeweils rechts neben dem Kopf, und nach drei Schritten nach links jeweils links klatschen.
- Seitwärts-Lauf und zweimal vor dem Körper klatschen.
- Kniehebelauf: rechte Hand auf angehobenem rechten, linke Hand auf linken Oberschenkel.
- Temposteigerung bei Skippings mit Klatschen begleiten.
- Im leichten Hopserlauf nach dem Absetzen jeweils klatschen.
- Überkreuzlauf: vor und hinter dem Körper klatschen.
- Die ganze Gruppe zusammen: rechtes Bein vorstrecken, klatschen, linkes Bein nach vorn, links klatschen – bis alle den gleichen Rhythmus gefunden haben.
- Einige ausgewählte Übungen mit Musik.

3. Schritt: Rhythmusaufnahme in fußballspezifische Bewegungen
Wie kann der Ball rhythmisch geführt, angehalten und gestoppt werden? Die Spielerinnen bilden nun Zweiergruppen und holen sich Bälle und verschiedene Rhythmusinstrumente wie z. B. Klanghölzer oder Rasseln. Die ganze Halle sollte den Übenden zur Verfügung stehen, um beispielsweise den Ball an die Wand zu spielen und ihn wieder mitzunehmen. Zusätzlich werden Hütchen und Stangen in der

Der Ball kommt dazu, die Schwierigkeit steigt

Halle aufgestellt, die beliebig umdribbelt werden können. Die Bewegungsaufgabe lautet: Eine gibt durch Klatschen, Stampfen, Zählen oder Rasseln (später dann mit Musik) den Rhythmus vor, die andere bewegt sich danach. Die Bewegungsideen werden anschließend gesammelt, besprochen und gemeinsam durchgeführt. Sollten auch hier die Mädchen etwas zurückhaltend agieren, dann kann die Lehrperson folgende Übungen vorschlagen:

Zwei nebeneinander stehende Spielerinnen versuchen, die Übungen synchron auszuführen:
- Ball führen (Dribbling) und in die Hände klatschen vor, dann hinter dem Körper.
- Ball führen (Dribbling) und auf Zuruf den Ball mit dem rechten oder linken Knie stoppen und klatschen.
- Ball führen mit dem rechten oder linken Fuß und das Tempo variieren, dazu klatschen (schneller oder langsamer).
- Zweimal mit dem Spann rechts vorwärts dribbeln, jeweils klatschen, stoppen mit der Sohle, dann mit links.
- Rückwärts laufen dabei den Ball mit den Füßen mitnehmen und klatschen.
- Ball führen mit der Sohle – zweimal links, zweimal rechts, jeweils klatschen.
- Ball zwischen rechtem und linkem Fuß pendeln, klatschen vor und hinter dem Rücken.

Für Könnerinnen:
- Bei jedem Schritt Übersteiger, Klatschen bei Bodenkontakt des Schwungbeins.
- Dribbling im Seitwärtslauf, bei jedem dritten Schritt abklatschen mit dem Partner.
- Jonglieren: Klatschen bei Kopfball / rechter u. linker Fuß und Oberschenkel usw. (vgl. Hyballa, 2002).

Trotz Skepsis ermuntern! Das Rhythmusgefühl hängt stark von der Vorerfahrung ab und davon in wie weit die Mädchen bereit sind, sich darauf einzulassen. Die bisher aufgeführten Übungen können auch als Erwärmung für eine Fußballtrainingseinheit genutzt werden („Beim Aufwärmen den Rhythmus finden"). Lehrpersonen sollten sich nicht davon entmutigen lassen, wenn einige Mädchen zunächst Hemmungen haben, sich auf den Rhythmus einzulassen. Selbst mitmachen, die Mutigen loben, immer wieder darauf zurückkommen – und schließlich die Musik selbst, all das wirkt auf Dauer überzeugend.

4. Schritt: Fußballspiel mit Musikuntermalung
Schließlich wird mit den Spielerinnen besprochen, wie ein Fußballspiel **Musik kann**
(oder auch ein Fußballturnier) mit Musik durchgeführt werden könnte. **die Spielfreude**
Dabei ist es sinnvoll, eine Halbzeit ohne Musikuntermalung und die **steigern**
andere Halbzeit mit Musikuntermalung zu gestalten. Dazu können die
Spielerinnen den Auftrag bekommen, darauf zu achten, wie sich ihr
Spiel in Abhängigkeit von Musik verändert. Aus den bisher gemachten
Erfahrungen ist anzunehmen, dass Fußballspielen und Musik Ungeübte
und Geübte gleichermaßen motiviert. Der Mut, Einzelaktionen und
komplizierte Techniken zu wagen, wächst, z. B. den Ball zu stoppen,
gegen eine Abwehrspielerin zu dribbeln, sie auszuspielen oder aufs Tor
zu schießen. So sind Erfolgserlebnisse der weniger erfahrenen Spielerinnen vorprogrammiert. Auch die Könnerinnen werden neue Erfahrungen sammeln und Freude am Umgang mit Musik und Fußballspielen haben.

Geschicklichkeitsparcours

Der Geschicklichkeitsparcours soll:
- Die koordinativen Fähigkeiten der Mädchen fördern. **Spielanfänge-**
- Zum Ausprobieren unterschiedlicher fußballspezifischer Bewe- **rinnen testen ihre**
  gungs- und Spielformen anregen. **Grenzen**
- Selbstvertrauen durch Erfolgserlebnisse stärken.
- Zu neuen Erfahrungen herausfordern.
- Ermutigen, Grenzen zu überschreiten.

Die Anfängerinnen erleben sich während dieser Übungseinheiten in
untypischen Situationen und erfahren, dass diese ihnen nicht schaden,
sondern förderlich und positiv wirken. Der Parcours beinhaltet zum
Beispiel folgende Stationen:
- Einmal Torhüterin sein.
- Neuste Tricks probieren und Bälle jonglieren.
- Den Ball mit dem Kopf spielen.
- Fallrückzieher ausprobieren.

Diese Spiel- und Übungsstationen sind beliebig erweiter- und verän- **Übungen an das**
derbar. Solche Veränderungen und Ergänzungen können das Ergebnis **Können der Mäd-**
von Gesprächen und spontanen Vorschlägen der Lernenden sein und **chen anpassen!**
möglichst zum Könnensniveau der Kleingruppen passen. Während des
Übens kann eine musikalische Untermalung im Hintergrund das Bewe-

gungslernen positiv unterstützen (vgl. Abschnitt: Rhythmus und Lernen im Fußballtraining) und eine angenehme Atmosphäre schaffen.

1. Schritt: Organisation – Aufbau des Geschicklichkeitsparcours

Ablauf und Organisation
Für jede Station gibt es Stationskarten. Auf den Karten sind der Aufbau und die Aufgabe erklärt. Jede Gruppe nimmt sich eine Karte und baut die dementsprechende Station auf. Die Lehrperson steht unterstützend zur Seite. Nach gelungenem Aufbau wird den Mädchen der Ablauf erklärt. Die Gruppen beginnen gemeinsam, sobald die Musik einsetzt, jeweils an der von ihnen aufgebauten Station und haben zehn Minuten Zeit zu üben. Danach gibt es eine Pause, um die eigene Station für die Nächsten wieder in Ordnung zu bringen und im Uhrzeigersinn zur nächsten Station zu wechseln. Beim erneuten Einsetzen der Musik versuchen die Mädchen an ihrer neuen Station die gestellte Aufgabe zu meistern. Im Anschluss an die zehn Minuten werden wieder die Stationen für die nachfolgenden hergerichtet und die Gruppen wechseln, bis schließlich jede Gruppe an allen Stationen war. Sinnvollerweise sollten zwei komplette Durchläufe angeboten werden. Höchstwahrscheinlich sind die Mädchen besonders vom Jonglieren und Tricksen sowie von der Aufgabe „Einmal Torhüterin sein" begeistert.

Lehrpersonen helfen und betreuen
Die Lehrpersonen betreuen die Spielerinnen während des Übens an den einzelnen Stationen. Sie helfen bei Fragen und Problemen, geben Tipps und Anregungen hinsichtlich der Ausführungen. Am Ende erfolgt der gemeinsame Abbau der Stationen.

2. Schritt: Die Stationen im Einzelnen – Vorstellen, erproben und verändern

Einmal Nadine Angerer sein
Station 1: Torhüterinnentraining
Hier benötigt man ein Fußballtor mit jeweils einer großen Weichbodenmatte davor. Im Tor befinden sich ein Paar Handschuhe. Pro Tor gibt es eine Torfrau aus der Gruppe. Die Anderen schießen auf die Torhüterin, die versucht, die Bälle zu halten. Schwerpunktmäßig soll die Angst vor dem Fallen, Springen und vor den angeflogenen Bällen überwunden werden. Sobald jedes Mädchen einmal geschossen hat, wird die Torhüterin ausgetauscht und es beginnt von vorne. Die Lehrperson regt an, dass die Mädchen der Torfrau Aufgaben stellen: flache, hohe oder scharfe Bälle. Dafür werden die Bälle zum Teil aus der Hand geschossen oder sogar geworfen. Variationen ergeben sich durch unterschiedliche (z. B. weichere oder verschieden große) Bälle, durch Wechsel der

Schussposition und durch Veränderung der Torgröße (Baustellen- oder Gummiband).

1. Station: Torhüterinnentraining

Material: 1x Weichboden, 1x Fußballtor, 1x Hütchen, 2x Torwarthandschuhe, 4x Fußbälle

Aufbauplan:

Von Vorne   Von Oben

Aufgabe:

Ein Mädchen geht als Torhüterin ins Tor (Handschuhe anziehen!).
Die Anderen schießen von der Markierung aus, der Reihe nach, auf das Tor; Die Torhüterin versucht diese abzuwehren.
Sobald jede einmal geschossen hat, wird die Torhüterin ausgetauscht.
Versucht hohe und flache Bälle; sie können auch geworfen werden; eurer Fantasie sind keine Grenzen gesetzt!

Station 2: Kopfballspiel

Aus einem Kasten für vier Spielerinnen und mehreren Bällen (Flummis, Volleybälle und Hallenfußbälle) entsteht eine Kopfballaufgabe. Pro Kasten stehen sich immer zwei Pärchen gegenüber. Die Spielerin versucht am Anfang, ihrer Partnerin den Ball so zuzuwerfen, dass diese die Chance hat, ihn zurückzuköpfen. Die Rollen werden stetig getauscht; später versuchen sie dann, sich die Bälle gegenseitig mit dem Kopf zuzuspielen. Sie haben freie Ballwahl. Für die Anfängerinnen bieten sich zunächst die leichten und weichen Bälle zum Üben an. Variationsmöglichkeiten ergeben sich durch verschiedene Bälle, durch Wechsel der Partnerin oder durch Erhöhung des Kastens (kleiner Kasten, Gymnastikreifen – senkrecht als Ziel von Lehrperson gehalten)

2. Station: Kopfball

Material: 3 Kästen, 12 Hütchen, Fußbälle, Flummis, Volleybälle.

Aufbauplan:

Von Oben   Von Vorne

Aufgabe:
Versucht euch gegenseitig den Ball (freie Wahl!) über den Kasten hinweg zuzuköpfen.
Ihr könnt den Ball auch zuwerfen und die Partnerin köpft ihn zurück (Rollen tauschen!).
Wettkampf: Welches Paar schafft die meisten Kopfbälle am Stück?

Station 3: Fallrückzieher

Im Abstand von 1,5m von der Wand werden zwei Weichböden auf dem Boden platziert. Rücklings zur Wand und Matte stehen die Mädchen mit je einem Ball in ihrer Hand. Sie werfen sich den Ball selbst hoch und versuchen nun, den Ball via Fallrückzieher an die Wand zu schießen, wobei sie rücklings auf der Matte landen. Variations- und Steigerungsmöglichkeiten: Unterschiedliche Bälle, Fallrückzieher nach Zuspiel durch eine Partnerin, Markierung eines Zielbereichs an der Wand.

3. Station: Fallrückzieher

Material: 2 Hochsprungmatten (oder 2 Weichböden).

Aufbauplan:

Von Vorne   Von Oben

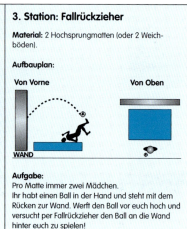

WAND

Aufgabe:
Pro Matte immer zwei Mädchen.
Ihr habt einen Ball in der Hand und steht mit dem Rücken zur Wand. Werft den Ball vor euch hoch und versucht per Fallrückzieher den Ball an die Wand hinter euch zu spielen!

Station 4: Jonglage und Tricksen

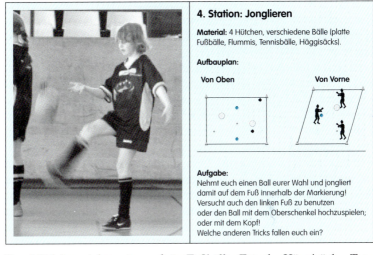

4. Station: Jonglieren

Material: 4 Hütchen, verschiedene Bälle (platte Fußbälle, Flummis, Tennisbälle, Häggisäcks).

Aufbauplan:

Von Oben   Von Vorne

Aufgabe:
Nehmt euch einen Ball eurer Wahl und jongliert damit auf dem Fuß innerhalb der Markierung! Versucht auch den linken Fuß zu benutzen oder den Ball mit dem Oberschenkel hochzuspielen; oder mit dem Kopf! Welche anderen Tricks fallen euch ein?

Die Freude am Jonglieren entdecken

Den Mädchen stehen etwas platte Fußbälle, Futsals, Häggisäcks, Tennisbälle und Flummis zur Verfügung. Aufgabe ist es, die verschiedenen Bälle mit den unterschiedlichsten Körperteilen hochzuspielen und hochzuhalten. Variations- und Steigerungsmöglichkeiten: Kombinationen versuchen; mitzählen, wie oft sie es mit einem Körperteil schaffen, den Ball in der Luft zu halten (vgl. dazu auch Weigelt u. a., 2006, S. 60-61).

Weltmeisterschaft der Tiere als Wettkampfform

Die Anfängerinnen sollten als Aktive, z. B. während eines Schnup- **Ein Wettkampf**
perkurses, an einer Fußballinszenierung teilnehmen, die dem Vorbild **mal anders**
aus dem „großen Sport" (Frauen- oder Männerfußballweltmeister-
schaften) möglichst nahe kommt und trotzdem an ihren Fähigkeiten
und Bedürfnissen orientiert bleibt. Die jungen Sportlerinnen bekommen somit Einblicke in die Organisation einer solchen Veranstaltung.
Sie entwickeln Verständnis für die Hintergründe und Rahmenbedingungen einer solchen Inszenierung. Zudem sollen die Mädchen auch
die Möglichkeit haben, sich mit anderen Mannschaften zu messen
und ihre Durchsetzungskraft, ihren Willen und ihr Selbstbewusstsein
zu stärken. Sie haben die Gelegenheit, innerhalb ihrer Mannschaft
Teamgeist aufzubauen, sich mit dem Siegen und Verlieren auseinander zu setzen und den Fairnessgedanken in eigener Verantwortung zu
erleben. Sie können dabei ihre bisher gemachten Erfahrungen und
ihr Erlerntes einbringen und umsetzen. Ziel ist auch bei dieser Erfah-
rungssituation, die Mädchen für das Sportspiel Fußball zu begei-
stern. Dazu gehören der Wettkampf und das Spiel gegen ein anderes
Team.

Im Sinne des bisher vorgestellten Konzepts genügt es nicht, einen
sportlichen Wettkampf zu gestalten, an dem die Mädchen nur teilnehmen. Sie müssen die Möglichkeit haben, das Geschehen aktiv mitzuge-
stalten, Verantwortung zu übernehmen und verschiedene Rollen einzu-
nehmen. Ihre Selbstständigkeit, ihr Engagement und ihre Kreativität
sind immer wieder gefordert.

1. Schritt: Inszenierung der Ausgangssituation
Die meisten Anfängerinnen sind ganz versessen darauf, ihre Kräfte **Wettkämpfen**
gegenseitig zu messen. Daher ist wichtig, z. B. während einer AG, eines **macht Spaß**
Schnupperkurses oder während eines Fußballcamps, wettkampfnahe
Praxiseinheiten zu gestalten. Es ist sinnvoll die Mannschaftseinteilung
mit den Mädchen zu besprechen und wenn möglich leistungshetero-
gene Teams einzuteilen (vgl. Wolters, 2000).

Die Teams brauchen auch Namen, um das Zusammengehörigkeitsge-
fühl zu stärken. Man kann z. B. nach dem Vorbild der WM Länderna-
men wählen, was sich aber u. U. als schwierig herausstellt, weil
einige Länder, wie Brasilien oder Deutschland sehr begehrt sind. Mit
diesen Staaten wird quasi der automatische Erfolg und Sieg verbun-

den und die Identifikation mit anderen Ländern fällt schwerer. Aus diesem Grund stellen Tiernamen eine gute Alternative dar. Die Lehrpersonen und Spielerinnen können aber auch andere Ideen verwirklichen – Comics, berühmte Spielerinnen, Stars aus der MTV-Szene. Dies stößt in der Regel auf breite Zustimmung und jede Gruppe findet z. B. ein Tier oder eine Comic-Figur, mit dem sie sich identifizieren möchte.

2. Schritt: Wettkampfteile

Art der Wettkämpfe

Außer der Zusammensetzung der Gruppen gibt es noch weitere Überlegungen, um das Prinzip der Chancengleichheit zu realisieren. Die Auswahl der Aufgaben, die Wahl der Spielregeln und die Art der Auswertung der Leistungen und der Siegerehrung. Die Weltmeisterschaft der Tiere kann z. B. in drei Teilwettkämpfe untergliedert werden:

- Dribbeln und Schießen (Biathlonstaffel).
- Quizshow (Fußballquiz).
- Fußballturnier – Wettkampfspiel.

Jedes Mädchen kann damit ihre Stärken aus ganz verschiedenen Bereichen einbringen. So entwickelt sich ein vielseitiger Wettkampf. Die Mädchen vereinbaren ihre eigenen Regeln, die sich in der bisherigen Erfahrung bewährt haben und sind für die Regeleinhaltung selbst zuständig Die Teilnehmerinnen nehmen während der Weltmeisterschaft verschiedene Aufgaben wahr (z. B. Schiedsrichterin, Torhüterin, Angriffs- bzw. Defensivspielerin, Protokollschreiberin), wodurch sie Eindrücke aus unterschiedlichen Perspektiven sammeln und eine Gesamteinsicht in die Fußballinszenierung bekommen. Der Wettkampf an sich ist somit nicht der einzige Aufgabenschwerpunkt der Mädchen.

Aufgabe der Lehrpersonen

Die Lehrpersonen erklären im Vorfeld der Einzelwettkämpfe kurz noch einmal zusammenfassend den Ablauf. Während des Wettkampfes haben sie dann nur noch eine begleitende Funktion. Sie unterstützen die Mädchen beim Auf- und Abbauen, geben Tipps bei der Regelfindung und helfen den Mädchen bei deren Durchsetzung. Zusätzlich bilden sie das oberste Schiedsgericht.

Die Biathlonstaffel

1. Schritt: Aufbau

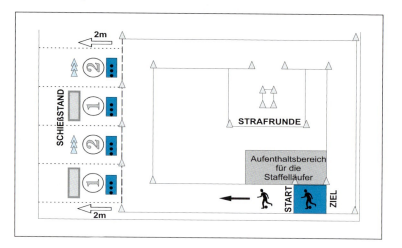

Die Mädchen bauen selbstständig, mit Hilfe von Stationskarten und einer ihnen zur Seite gestellten Lehrperson den Biathlonparcours auf. Der Parcours besteht aus vier Schießanlangen, von denen jeweils zwei identisch sind (vgl. dazu auch Möhwald & Hirschberger, 2006, S.18-22).

Biathlon mit dem Fußball

Schießanlage Typ 1:
Die Mädchen müssen von einer Markierung aus in einen umgedrehten Kastendeckel treffen. Sie haben dafür drei Versuche. Es ist den Mädchen überlassen, ob sie dazu den Ball aus der Hand oder vom Boden aus schießen. (Alternativ kann auch geworfen werden.)

Schießanlage Typ 2:
Hier gilt es, drei Pylonen umzuschießen. Wieder haben die Schützinnen drei Versuche, von der Markierung aus die Pylonen zu treffen. Zu den Schießanlagen hin und von ihnen weg führt ein abgesteckter Korridor, mit einer abzweigenden Strafrunde, der in Start und Ziel (=

Wechselzone) mündet. An den Schießanlagen liegen jeweils drei Fußbälle für die Mädchen bereit.

2. Schritt: Ablauf

Spannung ist vorprogrammiert

Zwei Mannschaften treten gegeneinander an. Jede Mannschaft besitzt
zwei Schießanlagen, eine vom Typ 1 und eine vom Typ 2. Die Startläuferin dribbelt zu ihrer Schießanlage vom Typ 1, legt dort ihren Ball ab

und schießt maximal dreimal mit den vorhandenen Bällen. Sobald sie mit einem Ball in den Kasten getroffen hat, dribbelt sie weiter zum Ziel und übergibt dort ihren Ball innerhalb der Wechselzone an die nächste Läuferin. Gelingt es ihr nicht, innerhalb der drei Versuche den Ball in den Kasten zu bekommen, muss sie auf dem Weg zum Ziel eine Strafrunde absolvieren. Erst dann darf sie den Ball an ihre Teamkollegin übergeben. Diese dribbelt dann zur Schießanlage vom Typ 2. Dort angekommen legt sie ihren Ball beiseite und versucht ihr Glück bei den Pylonen. Wieder gilt: Sobald sie es geschafft hat diese umzuschießen, darf sie sich auf den Weg zum Ziel machen. Schafft sie es nicht, innerhalb ihrer drei Versuche, muss sie auf dem Rückweg ebenfalls einmal in die Strafrunde. Im Ziel übergibt sie den Ball an die nächste Läuferin, die nun wieder die Schießanlage vom Typ 1 ansteuert. Zeitgleich versucht die zweite Mannschaft ihr Glück an ihren beiden Schussanlagen. Die Reihenfolge der Läuferinnen wird von den Mädchen innerhalb ihrer Mannschaften selbstständig festgelegt.

Die pausierenden Teams sind für den reibungslosen Ablauf verantwortlich. Sie müssen dafür sorgen, dass die Schießanlagen für die Läuferinnen vorbereitet sind (Pylonen aufstellen, drei Bälle bereitlegen etc.). Sie sind für die Zeitnahme zuständig und übergeben sie nach dem Zieleinlauf der Schlussläuferin, dem Schiedsgericht. Außerdem überwachen sie die Einhaltung der Regeln während des Wettkampfs.

3. Schritt: Wertung
Gewertet wird die Gesamtzeit, die eine Mannschaft benötigt, bis die Schlussläuferin das Ziel erreicht hat. Anschließend treten die jeweils nächsten beiden Mannschaften gegeneinander an, bis alle Teams einmal den Parcours durchlaufen haben. Die Zeiten werden aufgelistet und die

Platzierungen bekannt gegeben. Die Platzierung legt fest, wie viele Punkte ein Team in diesem Wettkampf erzielt hat. Die erstplatzierte und damit schnellste Mannschaft erhält 150 Punkte, die zweitplatzierte Mannschaft 130 Punkte usw. Man kann davon ausgehen, dass die Staffel mit Auf- und Abbau ca. 1,5 Stunden dauert. Dabei nimmt das Erklären der Regeln und des Ablaufs relativ viel Zeit in Anspruch. Mit Hilfe von Proberunden und Demonstrationsdurchläufen lässt sich jedoch Abhilfe bei Verständnisproblemen schaffen. Die Schießanlagen können zudem leicht verändert werden, um eine Differenzierung zu erreichen und den Leistungsniveaus der Mädchen zu entsprechen. Die Zielobjekte können zur Differenzierung vergrößert werden, die Distanz zu den Objekten verringert werden oder auch die Art der Technik beim Schießen an das Niveau der Teilnehmerinnen angepasst werden.

Das Fußballquiz

1. Schritt: Vorüberlegung
Erneut treten die Mannschaften gegeneinander an. Diesmal müssen **Fußballwissen** die Mädchen unter Beweis stellen, wie vertraut sie mit der Fußball- **ist gefragt** welt sind: grundlegende Spielregeln, berühmte Spielerinnen und Spieler oder bedeutsame Ereignisse und Randerscheinungen des Fußballs werden erfragt. Die Inhalte der Fragen können schon in den verschiedenen, bisher beschriebenen Praxiseinheiten besprochen und thematisiert werden. Somit sind die Fragen für die Mädchen lösbar.

2. Schritt: Ablauf
Die acht Teams platzieren sich gruppenweise am Boden der Halle und bekommen große Karteikarten mit Stiften. Den Gruppen werden parallel insgesamt 15 Fragen gestellt. Pro Frage haben die Teams eine Minute Zeit sich zu beraten und sich auf eine Antwort zu einigen. Diese wird dann auf eine große Karteikarte geschrieben. Nach Ablauf der 60 Sekunden werden alle Lösungen gleichzeitig hochgehalten. Der Quizmaster, eine Lehrperson, liest die Lösungen vor und verkündet anschließend die richtige Antwort.

3. Schritt: Wertung und Ergebnisse
Für eine richtige Antwort erhalten die Teams 10 Punkte. Diese werden auf einer Tafel festgehalten. Insgesamt kann jedes Team maximal 150 Punkte erzielen. Das Quiz kann ca. 45 Minuten in Anspruch nehmen.

Das Fußballturnier

Die Mädchen sind die Macherinnen Den Abschluss der „Weltmeisterschaft der Tiere" bildet das Fußballturnier. Hier werden die Mädchen in mehrfacher Weise gefordert. Als erstes müssen sie ihre Regeln selbst festlegen und dann auf deren Einhaltung achten. Ihre Aufstellung und Wechsel organisieren sie mannschaftsintern und spielen mit dem Ziel „Tore schießen und Tore verhindern" (vgl. Balz & Dietrich, 1996).

1. Schritt: Vorbereitungen

Zusammen mit allen Mädchen werden die Regeln erörtert, festgelegt und auf einem Clipboard, gut sichtbar, festgehalten. Die Regeln sollten in der Mitte zwischen den Spielfeldern platziert sein. Erfahrungsgemäß wollen die Fußballerinnen nach klassischen Fußballregeln spielen. Meistens kommen jedoch bei genaueren Nachfragen, wie diese Fußballregeln denn auszusehen haben, Schwierigkeiten auf: Wie weit darf die Torfrau raus? Wann gibt es Eckball? Spielen wir mit Bande oder mit Seitenaus? Welche Strafen werden für die Verletzung der Regeln verhängt?

Folgende Fußballregeln mit den Zusatzregeln wurden während eines Fußballcamps von Spielerinnen aufgestellt und können als Beispiel gelten:

- Gespielt wird ohne Abseits.
- Die Torfrau darf mit der Hand spielen, aber nur bis zur Markierung.

- Auf dem Feld sind drei Spielerinnen und eine Torhüterin, gespielt wird mit fliegendem Wechsel.
- Foulspiel bei Kleineren soll gepfiffen und bestraft werden –> Gelbe Karte.
- Der Ball ist im Aus, wenn er die Torauslinie überquert, dann gibt es Eckball, oder wenn er die blaue Linie des Spielfelds an den Seiten überquert, dann wird der Ball eingerollt oder eingeschossen.
- Absichtliches Handspiel ist verboten.
- Es werden zwei kleine Spielerinnen pro Mannschaft festgelegt und optisch hervorgehoben. Sie dürfen den Ball ungestört annehmen, erst dann dürfen sie angegriffen werden.
- Die Torhüterin darf nur von außerhalb des Strafraums Tore schießen.
- Bei einer Gelben Karte muss die betreffende Spielerin das Spielfeld verlassen und zwei Strafrunden laufen. Bei einer Roten Karte muss die betreffende Spielerin fünf Strafrunden laufen. Die Strafrunden werden in der Mitte zwischen den zwei Spielfeldern von den Mädchen abgesteckt.
- Nachdem die Regeln aufgestellt sind, wird der Ablauf besprochen und gemeinsam der Aufbau organisiert.

2. Schritt: Ablauf

Hier wird ein Beispiel aus einem durchgeführten Mädchenfußballcamp aufgeführt. Insgesamt hatte jedes Team fünf Spiele zu bestreiten. Drei davon in der Vorrunde und zwei in der Endrunde. Gespielt wurde zwei- **Beispiel Mädchen-fußballcamp**

mal sieben Minuten, mit 60 Sekunden Pause und einem Seitenwechsel in der Halbzeit. Zwei Partien wurden immer parallel auf den zwei Spielfeldern ausgetragen. Die restlichen vier Mannschaften stellten pro Spielbegegnung eine Schiedsrichterin, eine Linienrichterin sowie eine Schiedsrichterassistentin. Diese unparteiischen Mädchen waren für die Einhaltung der von ihnen aufgestellten Regeln verantwortlich. Die Einteilung wurde im Vorfeld festgelegt, sodass jede Mannschaft die Unparteiischen mehrmals besetzen musste. Sie erlebten, wie schwer diese Aufgabe sein kann und wie viel Verantwortung damit verbunden ist. Nach Abpfiff eines Spiels erhielt das Schiedsgericht die Ergebnisse von den Schiedsrichterassistentinnen.

Feedbackrunde

Im Anschluss an die Vorrunde ist eine kurze Feedbackrunde über den bisherigen Verlauf des Turniers abzuhalten. Es stellte sich heraus, dass die jüngeren Schiedsrichterinnen nicht durchsetzungsstark genug waren. So kam es in der Vorrunde zu hitzigen Szenen am Spielfeld. Nach ausgiebiger Diskussion der Thematik einigten sich die Mädchen darauf, den Schiedsrichterinnen bei Bedarf die Lehrperson (oder wenn möglich eine Assistentin) an die Seite zustellen, um ihre Autorität zu stärken. Die Lehrpersonen trafen jedoch keine Entscheidungen. Sie halfen nur den Schiedsrichterinnen, ihre Entscheidungen ohne Diskussionen durchzusetzen. An der Finalrunde nahmen alle Mannschaften teil, niemand musste ausscheiden. Damit hatte jedes Team insgesamt die gleiche Anzahl von Spielen und bis zum Schluss die Möglichkeit Punkte für die Weltmeisterschaft der Tiere zusammeln. Die Spieldauer betrug erneut zweimal sieben Minuten mit einem Seitenwechsel in der Halbzeit.

Die Endrunde

Zur Inszenierung der „Weltmeisterschaft" gehörte auch eine besondere Atmosphäre. So kommentierte die ,Stadionsprecherin' die Spiele. Sie verkündete die Ergebnisse und spielte Musik in den Pausen ein. Auch die Zuschauer durften nicht fehlen. So füllten sich bei der Endrunde die Ränge mit den eingeladenen Eltern und Geschwistern, Großeltern, Freunden und Freundinnen der Mädchen. Dadurch entstand eine richtige Turnierkulisse für die Spielerinnen.

Schritt 3: Wertung

Danach wurden die im Fußballturnier erzielten Punkte zu den anderen Punkten addiert. Der Sieger einer Partie erhielt 30 Punkte, bei einem Unentschieden erhielt jedes Team zehn Punkte. Auf diese Weise wurden die Gewinner der Weltmeisterschaft der Tiere ermittelt. Auch wenn nur eine Mannschaft Erster werden konnte, so haben doch alle im Verlauf des Wettkampfs Gemeinschaft und Spannung erlebt, an Erfahrung gewonnen und ihren Preis verdient.

Siegerehrung und Ende des Camps

Alle Mannschaften wurden, wie bei einem Großereignis, namentlich zur Siegerehrung aufgerufen. Die Lehrperson, als oberstes Schiedsgericht gratulierte den Teams zu ihren Platzierungen und überreichte die Urkunden mit den Preisen. Begleitend kommentierte die Stadionsprecherin die Siegerehrung und der Beifall der Zuschauer rundete die Ehrung ab. In unserem Turnier war den Mädchen die Begeisterung ins Gesicht geschrieben. Viele von ihnen hatten noch nie einen Wettkampf mit einem entsprechenden Rahmen erlebt.

Skizze eines Mädchenfußballcamps

- Die Rahmenbedingungen
- Eröffnungsphase
- Ablaufplan
- Analyse und Auswertung
- Ergebnisse und Beobachtungen
- Fazit und Ausblick

Kapitel

7

Skizze eines Mädchenfußballcamps

Die in den vorangegangenen Kapiteln geschilderte theoretische Ab- **Praxisbeispiel –**
handlung und praktische Anleitung zur mädchengerechten Erstbegeg- **Wo durchführbar?**
nung mit dem Fußballsport, mündet nun in die Umsetzung eines
Mädchenfußballcamps. Dieses Camp stellt natürlich nicht die einzige
Möglichkeit dar. Es sind auch andere Durchführungen denkbar, z. B.
• Eine Mädchenfußball-AG in der Schule.
• Fußballschnupperkurse für Anfängerinnen in der Schule oder als
   Kooperation mit Schule und Verein.
• Schulfeste.

Das Konzept, wurde in einem Projekt „Mädchenfußballcamp" am Insti-
tut für Sport und Sportwissenschaft (ISS) der Universität Erlangen-
Nürnberg in die Praxis umgesetzt. Die Organisation[3], Erfahrungen und
daraus entstandenen Hinweise für zukünftig geplante Projekte werden
im Folgenden beschrieben. Das Kapitel ist in mehrere Abschnitte geglie-
dert:
• Rahmenbedingungen
• Eröffnungsphase
• Ablauf
• Analyse und Auswertung
• Ergebnisse und Beobachtungen
• Fazit und Ausblick

Die Rahmenbedingungen

Projektteam, Zielgruppe und Teilnehmerinnen

• Projektteam: Das Projektteam, unter der Leitung von Prof. Dr. **Leitung und**
   Claudia Kugelmann, bestand aus Mitarbeiterinnen und Mitarbei- **Konzeption**
   tern der Forschungsgruppe Mädchenfußball des Instituts für Sportwissenschaft und Sport der Universität Erlangen. Einen großen
   Anteil an der Organisation, Durchführung und Nachbereitung des
   Camps hatten Studentinnen[4] und Studenten des ISS Erlangen, die
   auch als Trainerinnen und Trainer während des Camps agierten.

---

3 Zur Organisation und zum Management von frauenspezifischen Sportveranstaltungen
   vgl. auch Weigelt, Schlesinger und Roschmann, (2004).

4 Besonders hervorzuheben ist die Arbeit von Kathrin Hirschberger und Michael Huber,
   die an der Ausarbeitung und Durchführung des Konzepts beteiligt waren (vgl.
   S. 134).

- Rekrutierung der Teilnehmerinnen über: Zeitungsannoncen, Anschreiben und Bekanntmachungen an den umliegenden Schulen und Vereinen.
- Zielgruppe: vorrangig Fußballanfängerinnen. Allerdings meldeten sich auch fußballerfahrene Mädchen. Die Vielzahl an Anmeldungen lässt darauf schließen, dass es für Mädchen zu wenig Angebote dieser Art (z. B. Mädchenfußballcamps) gibt.
- Altersgrenzen: Aufgrund des großen Interesses an dem Camp wurden die Altersgrenzen der Mädchen von 10-12 auf 7-14 erweitert.
- Inhalte: die Inhalte wurden der Gruppe der Teilnehmerinnen (sowohl Anfängerinnen als auch Fortgeschrittene und Könnerinnen) bestmöglich angepasst.
- Teilnehmerinnen: Es nahmen Mädchen unterschiedlicher Altersgruppen mit verschiedenen Vorerfahrungen teil. Der Schwerpunkt blieb jedoch bei den Anfängerinnen, für die das Konzept entwickelt wurde. Insgesamt nahmen 48 Mädchen am Camp teil.

Zeitraum, Ort und Logistik

Planung, personelle, finanzielle und materielle Ressourcen sicherstellen

- Zeitraum: Das viertägige Camp fand während der Herbstferien, täglich jeweils von 10 Uhr morgens bis 18 Uhr abends, statt.
- Ort: Das Mädchenfußballcamp fand auf dem Gelände des ISS Erlangen statt. Den Teilnehmerinnen standen eine Dreifachhalle, eine Doppelhalle, Rasenplätze und ein Seminarraum zur Verfügung. Die für die Inhalte benötigten Materalen konnten vom ISS Erlangen für die gesamte Dauer geliehen werden.
- Verpflegung: Das Organisationsteam des Mädchenfußballcamps sorgte neben den sportlichen Einheiten auch für das leibliche Wohl der Kinder und Jugendlichen. Den ganzen Tag standen Getränke (Apfelschorle, Wasser und Tee) zur Verfügung, mittags lieferte das Studentenwerk Essen für alle Teilnehmerinnen. Ergänzend dazu bekamen die Mädchen nachmittags noch einen gesunden Snack.

Lehrpersonen

Qualifikation der Trainerinnen und Trainer

- Trainerinnen und Trainer: Die Auswahl erfolgte aufgrund ihrer Vorerfahrungen im Fußball und ihrer vorhandenen Vermittlungskenntnisse durch Studium und Praxis. Alle Lehrpersonen spielten in der Fußballuniversitätsmannschaft der Friedrich-Alexander-Universität

Erlangen und sind seit frühester Jugend Mitglied in organisierten Vereinen des Bayerischen Fußballverbands. Einige von ihnen leiten Trainingseinheiten im Rahmen des Hochschulsports oder sind als lizenzierte Trainerinnen und Trainer in einem Verein tätig. Diese Lehrpersonen besitzen die nötigen Kenntnisse über Technik, Spielabläufe und Spielregeln. Sie haben Erfahrung mit Vermittlungsprozessen und darüber hinaus sind sie verständlicherweise schon mit den Problemen vertraut, denen Mädchen beim Fußball gegenüberstehen, zum Teil aus eigener Erfahrung.

- Einweisung: Den verantwortlichen Trainerinnen und Trainern **Schulung der** wurden im Vorfeld des Camps die Ziele sowie die Inhalte des **Lehrpersonen im** Konzepts deutlich und eindringlich vorgestellt und detailliert mit **Vorfeld** ihnen besprochen. Didaktische Prinzipien (z. B. Adressatenorientierung, Handlungsorientierung, genetisches Lernen, Anregung von Selbsttätigkeit und Selbstständigkeit, Situationsbezug, Individualisierung von Lernprozessen) und Methoden der Vermittlung (Lernen an Problemen, Denken und Machen, Medieneinsatz) wurden als Leitlinien bestimmt. Zu deren Vermittlung wurden zwei Sitzungen durchgeführt. Die erste Schulung fand ca. drei Wochen vor Beginn des Camps statt und das zweite Treffen drei Tage vor dem eigentlichen Beginn. Die Coaches erhielten alle nötigen Details über die Inhalte der Praxiseinheiten. Gleichzeitig konnten bereits aufkommende Fragen geklärt und Unstimmigkeiten beseitigt werden.

- Besprechungen während des Camps: Jeden Tag fanden Vor- und **Gutes Team** Nachbesprechung aller Teammitglieder statt. Hier wurden die ein- **zusammenstellen** zelnen Inhalte und Stationen des Tages besprochen und vor- bzw. nachbearbeitet. Durch diese Maßnahmen sollte ein optimaler Ablauf sichergestellt und auftretende Probleme sofort thematisiert werden, um diesen gezielt entgegenwirken zu können. Die Erörterung eventuell aufgetretener Probleme sowie die persönlichen Eindrücke und Erlebnisse der Lehrpersonen sind für den erfolgreichen Verlauf eines Mädchenfußballcamps entscheidend. Die Kommunikation gewährleistet, dass das adressatenbezogene Konzept und die Inhalte jederzeit situativ auf sich verändernde Bedürfnisse und Gegebenheiten bei den Teilnehmerinnen angepasst werden können. Um dieses Kommunikationssystem vollends zu perfektionieren, fand in den Pausen der Trainingseinheiten immer ein kurzes Zusammentreffen der Trainerinnen mit dem Organisationsstab statt, um die vorangegangenen und folgenden Einheiten zu besprechen.

Eröffnungsphase

Anmeldung (Ausrüstung und Camp-Broschüre)

Beginn mit
Vorbildwirkung

- Anmeldung: Ab 9 Uhr des ersten Camptages. Dort wurden die gesamten Formalitäten geklärt.
- Fußballausrüstung: Diese beinhaltete ein Trikot, eine kurze Hose, Fußballstutzen und einen Fußball.
- Camp-Broschüre: Darin waren alle wichtigen Informationen über das Mädchenfußballcamp und weitere nützliche Informationen enthalten, wie ein Lageplan, der Ablaufplan, wichtige Tipps zur Fußballausrüstung, ein kurzes Regelwerk mit den elementaren Regeln und eine Übersicht aller Vereine der Umgebung mit Mädchenmannschaften. Die Broschüre sollte den Mädchen als eine Art Leitfaden für das Camp dienen.

Vortrag einer ehemaligen Nationalspielerin und Spiel der Stars

- Vortrag einer ehemaligen Nationalspielerin: Als Einstieg für das Camp konnten die Mädchen und ihre Angehörigen den Vortrag von Maren Meinert (Trainerin U-19 Frauen Nationalmannschaft und ehemalige Nationalspielerin) *„Wie werde ich Nationalspielerin im Fußball?"*, hören.[5] Dadurch erfuhren sie interessante Hintergründe, Anregungen und schöpften zusätzliche Motivation für ihr eigenes Fußballspiel.

Gute Fußbal-
lerinnen spielen
sehen

- Spiel der Stars: Dies war offizieller Auftakt des Mädchenfußballcamps. Es spielten ehemalige Nationalspielerinnen (Deutschland, Schweiz), Regionalligaspielerinnen und Mitglieder der Frauenuniversitätsmannschaft der FAU Erlangen-Nürnberg. Die Intention dieses Spiels war es, den Mädchen und ihren Angehörigen das Fußballspielen von Frauen in seiner aktuellen Form zu demonstrieren. Vorurteile und Bedenken bei Eltern und Verwandten sollten so abgebaut und bei den Mädchen die Vorfreude auf die kommenden Tage geweckt werden. Außerdem konnten die Spielerinnen hier als Vorbilder und Identifikationsfiguren für die Teilnehmerinnen dienen.

---

5 Der Vortrag fand im Rahmen des parallel stattfindenden Symposiums am ISS Erlangen *„Frauen am Ball – Analysen und Perspektiven der Gender-Forschung"* vom 27.10. bis 29.10.2005 statt.

Offizielle Eröffnung und Gruppeneinteilung

- Offizielle Eröffnung: Frau Prof. Dr. Claudia Kugelmann begrüßte alle Gäste und Teilnehmerinnen, bedankte sich für die Unterstützung bei dem Organisationsteam, Partnern und Sponsoren und erklärte schließlich das Camp für eröffnet.
- Gruppeneinteilung: Die Lehrpersonen hatten zwischenzeitlich eine Liste der Teilnehmerinnen mit Alter, Vorerfahrungen und Wünschen erstellt. All diese Punkte flossen in die Gruppeneinteilung ein, um im Sinne des Konzepts dem Adressatenbezug gerecht zu werden. **Wie sind die Gruppen zusammenzustellen?** Die Bedürfnisse der Mädchen sollten einerseits gewahrt bleiben und andererseits durch die Berücksichtigung sozialer Konstellationen (wie: Freundinnen auf Wunsch nicht zu trennen), ein sicherer und stabiler Rahmen für die Mädchen entstehen. Dieser bildet die Basis und gleichzeitig die Voraussetzung für den folgenden Vermittlungsprozess.
- Gruppenstärke: Die Teilnehmerinnen wurden in fünf annähernd gleich große Gruppen eingeteilt, in einer für den Lernprozess sinnvollen Stärke von neun bis zehn Lernenden pro Gruppe. Diese Gruppenstärke erlaubt intensive Übungsprozesse, bei denen die Trainerinnen auf die individuellen Bedürfnisse der Mädchen eingehen können. Die Gruppenstärke ist noch groß genug, um fußballtypische Spielsituationen zu schaffen und spannende Spiele zu gewährleisten.
- Einteilung Lehrpersonen: Jeweils eine Lehrperson übernahm für die Dauer des Camps eine Teilnehmergruppe und führte alle Trainingseinheiten mit ihr durch. **Arbeitsplan der Lehrpersonen** Sie diente den Mädchen als direkte Bezugsperson für Probleme jeglicher Art. Diese Einteilung hatte bis zum letzten Tag Bestand, um ein konstantes Umfeld zu schaffen und die Entwicklung sozialer Beziehungen zu unterstützen. Die Mädchen durchliefen die unterschiedlichen Einheiten gemeinsam und lernten sich und die Lehrperson einzuschätzen.

Die Gruppeneinteilung

Gruppe I	Gruppe II	Gruppe III	Gruppe IV	Gruppe V
Alter 7-9 (keine oder nur geringe Vorerfahrungen)	Alter 9-11 (keine oder nur wenig Vorerfahrungen)	Alter 12-14 (geringe Vorerfahrung oder mit Vorerfahrungen)	Alter 10-14 (mit Vorerfahrung)	Alter 10-13 (mit Vorerfahrung)
Lea	Lisa	Aurelia	Katharina	Anna
Johanna	Aline	Sarah	Vera	Julia
Marie	Laura	Anna	Marie	Jaquline
Leonie	Kristin	Lisa	Rigna	Anna
Nadja	Katharina	Lena	Regina	Julia
Paulina	Michaela	Nina	Mona	Jaquline
Sophia	Fiona	Sophie	Nina	Christina
Julia	Mariella	Gianna	Felicitas	Leonie
Sophia	Regina	Nina	Pia	Miriam
		Gianna	Vanessa	

Ablaufplan

Alles muss genau bedacht sein!

Der Ablauf gestaltete sich jeden Tag ähnlich und orientiert sich an den bereits skizzierten Praxiseinheiten:

- Beginn: Besprechung des Camp-Teams (Lehrpersonen, Helfer und Leitung des Camps) über die Aufgaben des anstehenden Tages.
- Versammlung der Teilnehmerinnen: Das Tagesprogramm wurde angekündigt und die Mädchen hatten Zeit, um Fragen und Probleme anzusprechen, bevor es in die jeweiligen Gruppen ging. Dieser homogene Ablauf sollte ebenfalls zu einem konstanten Lernumfeld beitragen, sodass die Mädchen innerhalb eines stabilen Gefüges experimentieren und lernen konnten.

- Einheitsumfang: Dieser konnte von 45 Minuten bis zu zwei Stunden betragen. Täglich erarbeiteten die Lehrpersonen mit den Mädchen drei bis vier unterschiedliche Schwerpunkte. Zwischendurch wurden ausreichend Pausen eingeplant, um die Mädchen nicht zu überfordern und keinen Motivationsverlust zu riskieren. Innerhalb der einzelnen Stunden standen den Lehrpersonen, im Rahmen des Konzepts, mehrere Bewegungsaufgaben, Übungen, Spielformen und weitere Differenzierungsmöglichkeiten zur Verfügung, um die Stunden individuell auf den Leistungsstand und die Interessen ihrer Mädchengruppe abzustimmen. Wenn Spielerinnen damit Probleme hatten, konnten der Schwierigkeitsgrad verändert oder die Übungen variiert werden.

- Stundeninhalte: Die Inhalte lassen sich in drei unterschiedliche Themenbereiche gliedern. Einen Teil stellen die Einheiten des praktischen Vermittlungsprozesses dar, „die Trainingseinheiten". Einen weiteren bilden die Elemente, die für eine „ganzheitliche und mehrperspektivische Begegnung der Mädchen mit dem Phänomen Fußball" sorgen, z. B. das Mindmapping. Ergänzt werden diese beiden Teilgebiete durch die „Wettkampfformen", da Fußball schließlich ein Spiel zweier gegnerischer Mannschaften um den Sieg ist. Dabei schließen sich die drei Bereiche nicht gegenseitig aus, sondern setzen immer den Schwerpunkt auf einen von ihnen. Die anderen Themen bleiben aber deswegen nicht unberücksichtigt. Sie waren in den Stunden in abgeschwächter Form relevant.

Was erwartet die Spielanfängerinnen?

Analyse und Auswertung

Das Mädchenfußballcamp war ein einmaliges Projekt, dessen Ziele während der Durchführung überprüft wurden. Zu diesem Zweck wurden die gesamten Camp-Aktivitäten mithilfe der Feldbeobachtung begleitet. Eine Feedbackrunde mit allen Teilnehmerinnen und Teilnehmern am Ende des Camps ergänzte die wissenschaftlichen Beobachtungen. Außerdem hatten die Spielerinnen während des gesamten Camp-Verlaufes die Möglichkeit, nach jeder Einheit mit Punkten an der Feedbacktafel über Gefallen und Missfallen abzustimmen. Im folgenden Abschnitt werden zunächst die Methoden der Analyse und Auswertung dargestellt, bevor dann die Ergebnisse erläutert werden.

Feedback ist enorm wichtig

Methoden der Analyse und Auswertung

**Wie kann
ausgewertet
werden?**

Feldbeobachtung (vgl. dazu: Bortz und Döring (2003, S. 262)):
Die Aktivitäten wurden von den Spielfeldrändern oder den Hallentribünen beobachtet und skizziert. Die Beobachtung wurde direkt und unvermittelt durchgeführt, d. h. die Konsequenzen der Aufgabenstellung und die auftretenden Schwierigkeiten wurden dokumentiert. Ein Fokus der Beobachtung lag auf Problemen, welche die Mädchen während der Umsetzung der geplanten Inhalten zur adressatenbezogenen und handlungsorientierten Vermittlung des Fußballspielens hatten. Ein weiterer Schwerpunkt richtete sich auf die aktive Beteiligung der Mädchen an den Einheiten.

Feedbackrunde Spielerinnen:
Mit allen Teilnehmerinnen, Lehrpersonen, Helferinnen und Helfern fand eine Feedbackrunde über das Mädchenfußballcamp statt. Ziel der Gesprächsrunde war, herauszufinden, wie die Mädchen mit dem entwickelten Konzept zurecht kamen. Der Gedankenaustausch stellte eine direkte Rückmeldung über Probleme und Schwierigkeiten während des Vermittlungsprozesses, in den vergangenen vier Tagen, dar. Für eine bessere Übersicht der Ergebnisse während des Feedbackgesprächs wurde eine Feedbacktafel gestaltet. Die Mädchen gaben positive und negative Eindrücke wieder.

**Alle müssen zu
Wort kommen**

Feedback der Trainer:
In den Pausen, zwischen den einzelnen Einheiten, und am Ende jedes Tages besprachen sich alle Lehrpersonen, um ihre Erfahrungen, Erlebnisse und Beobachtungen auszutauschen und festzuhalten. Diese Vorgehensweise ermöglichte es, die Inhalte und die Umsetzung, zusätzlich zur Feldbeobachtung und den Aussagen der Mädchen, aus einer dritten Perspektive zu analysieren.

Feedbacktafel:
Die letzte und sehr aufschlussreiche Methode zur Auswertung des Mädchenfußballcamps stellte die dafür entwickelte Feedbacktafel dar. Hierbei handelte es sich um ein DIN A2 großes Plakat, auf dem alle Praxis-Inhalte dargestellt waren. Neben diesem Plakat waren farbige Klebepunkte ausgelegt. Die Mädchen wurden zu Beginn des Camps aufgefordert, nach jeder absolvierten Einheit über die Inhalte der Praxiseinheit an der Tafel abzustimmen. Klebte der Punkt oben, hat der Teilnehmerin die Stunde sehr gut gefallen. Klebte der Punkt am unteren Ende des Plakats, war das Mädchen nicht mit der Einheit zufrieden. Wann die Mädchen ihre Punkte verteilten, war ihnen freigestellt. Sie

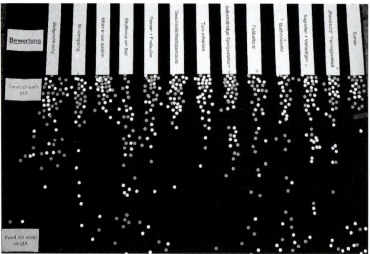

waren unbeobachtet, sodass ihre Meinung nicht beeinflusst wurde.
Die Tafel war neben dem Gemeinschaftsraum für Essen und Trinken
aufgestellt. Sie war jederzeit zugänglich. Während des Verlaufs des
Mädchenfußballcamps forderten die Trainerinnen die Mädchen auf, die
Stunden einzuschätzen und erklärten ihnen die Bedeutung. Die Teil-
nehmerinnen konnten so beeinflussen, wie Konzepte dieser Art in der
Zukunft durchgeführt werden.

Ergebnisse und Beobachtungen

Die Ergebnisse der durchgeführten Feldbeobachtung und Gesprächs-
runden lassen sich wie folgt zusammenfassen:
*   Die Mädchen haben Probleme mit den gestellten Bewegungsaufga-
    ben bzw. der offenen Gestaltung der einzelnen Praxiseinheiten.

**Welche
Erfahrungen
wurden
gemacht?**

- Die Mädchen sind Frontalunterricht gewohnt und hatten Schwierigkeiten sich selbstständig mit gestellten Aufgaben und Themen auseinanderzusetzen. Dieser Umstand erschwerte zu Beginn die Einheiten, weshalb die Trainerinnen gezwungen waren die Mädchen mit Ideen und Anregungen vermehrt zu unterstützen.
- Allerdings nahmen diese Probleme im Verlauf des Mädchenfußballcamps ab. Die Teilnehmerinnen brachten sich immer mehr ein und wurden selbstständiger in der Auseinandersetzung mit den Inhalten. Im weiteren Verlauf wurden sie deutlich vertrauter mit der für sie neuen Vorgehensweise und waren nicht mehr so stark auf die Unterstützung der Lehrperson angewiesen.

Was kann optimiert werden?

Hinweis!

Aus diesem Grund ist es erstrebenswert und ratsam, die Mädchen schon im Vorfeld eines Camps, im Rahmen einer Arbeitsgemeinschaft oder eines Schnupperkurses mit der problem- und handlungsorientierten Vorgehensweise vertraut zu machen, soweit dies im Rahmen der Schule oder des Vereins möglich ist.
Ist dies wie in unserem Fall nicht zu verwirklichen, sollte der Frontalunterricht schrittweise reduziert und zunehmend zu einer handlungsorientierten Vorgehensweise übergegangen werden.

- Das viertägige Camp mit der Zeiteinteilung von morgens um 8:00 Uhr bis 18:00 Uhr war für die Mädchen zu lang und vor allem zu intensiv.

Zeiteinteilung bedenken

Hinweis!

Die Inhalte sollten über den Zeitraum einer ganzen Woche (fünf bis sieben Tage) verteilt werden. Die Einheiten können dann z. B. nur vormittags stattfinden und am Nachmittag werden gemeinsam weniger intensive Einheiten und Inhalte durchgenommen. Außerdem sollte Freizeit für die Mädchen eingeplant werden. In dieser Zeit können die Mädchen die Inhalte individuell reflektieren, sich erholen oder Gelerntes im freien Spielen vertiefen.
Als Ergänzung für diese Zeiten sind beispielsweise folgende Inhalte denkbar: eine gemeinsame Diskussion des Films „Kick it like Beckham", der das Thema Mädchen, Fußball und die dabei auftretenden Schwierigkeiten thematisiert (Diketmüller, 2004) oder das Thema Fußball dramaturgisch aufzuarbeiten, indem ein Fußballspiel als Theaterstück mit den Mädchen inszeniert und am Ende des Camps für die Eltern aufgeführt wird. Die Nachmittage tragen dadurch dazu bei, das Phänomen Fußball

vielseitig zu beleuchten. Außerdem wird den Mädchen die Möglichkeit gegeben, sich von den Übungseinheiten am Morgen zu erholen. Die Lerninhalte können sich festigen und der Lernerfolg kann weiter gesteigert werden.

- Die Teilnehmerinnen empfinden einen festen sozialen Bezugsrahmen als positiv. Eine feste Trainerin über den gesamten Zeitraum sowie konstante Gruppen sind für die Mädchen von großer Bedeutung. Diese Rahmenbedingungen geben ihnen ein Gefühl von Sicherheit und prägen die Ausbildung von sozialen Beziehungen innerhalb der Gruppe und zur Lehrperson. Dies ist für die Mädchen sehr wichtig. In einem für sie positiv belegten sozialen Umfeld werden Lernerfolge begünstigt und die Begegnung mit Neuem erleichtert.

Bezugsperson ist wichtig!

Hinweis!

Bei einem Konzept für Anfängerinnen sollte den sozialen Konstellationen Rechnung getragen werden, da letztlich die gesamte Auseinandersetzung mit dem Thema durch ein sozial sicheres Gefüge unterstützt wird. Die Mädchen können sich besser auf Neues einlassen und mit ihren Geschlechtergrenzen experimentieren.

- Es existieren kaum Angebote (reine Mädchenfußballcamps, Anfängerinnen- und Schnupperkurse in Vereinen oder Schulen) für fußballinteressierte Mädchen.
- Die Teilnehmerinnen konnten in fußballunerfahrene und Mädchen mit Vorerfahrungen eingeteilt werden.
- Es kam zu Konflikten zwischen erfahrenen und unerfahrenen Spielerinnen. Die Erfahrenen agierten sehr dominierend und versuchten in Wettkampfsituationen zu bestimmen, wer, was, wann und wie spielen oder tun sollte. Da sie mehr Erfahrung hatten, dachten sie auch, dass dies ihr gutes Recht sei. Den Anfängerinnen wurde durch dieses dominante Verhalten stellenweise die Möglichkeit genommen, sich auf ihre individuelle Art mit der Aufgabe oder dem Thema auseinander zu setzen.
- Fußballerfahrenere Mädchen sind außerdem in ihren Fußballauffassungen schon sehr festgelegt und neuen Ideen gegenüber verschlossener als die Anfängerinnen.
- Trotz der unbestreitbaren Bereicherung einer gewissen Heterogenität des Leistungsniveaus für den Lernprozess, ist eine homogene

Konflikte bleiben nicht aus

Gruppenkonsistenz zu Beginn erstrebenswert. Im weiteren Verlauf könnten und sollten durchaus Inhalte gemeinsam erfahren werden, da beide Gruppen sowohl technisch als auch sozial davon profitieren können, wenn sie miteinander agieren müssen.

Hinweis!

Die Umsetzung des Camps unter diesen heterogenen Gegebenheiten stellte eine interessante Herausforderung dar. Die Inhalte wurden so differenziert, dass möglichst alle Mädchen auf ihrem Niveau lernen konnten. Die Trainerinnen steuerten auftretende Schwierigkeiten und Konflikte mit gezielten Differenzierungsmaßnahmen und Gesprächen entgegen.

Mädchen hatten Freude am Fußball spielen

- Die Ergebnisse der Feedbacktafel verdeutlichen, dass die Mädchen mit den Inhalten der Praxiseinheiten sehr zufrieden waren.
- Durchweg wurden alle Einheiten mit ‚sehr gut gefallen' bewertet.
- Diese Tatsache geht auch aus den Beobachtungsprotokollen hervor. Dort ist zu entnehmen, dass die Spielerinnen sehr engagiert am Stundenverlauf beteiligt waren. Selbst die unterschiedlichen Gruppen von Mädchen (Ältere und Jüngere, Erfahrene und Unerfahrene) konnten mit Hilfe der verschiedenen Aufgabenstellungen entsprechend ihrer Bedürfnisse angesprochen werden. Sie konnten ihre Fähigkeiten individuell weiterentwickeln und die Freude am Fußball wurde geweckt bzw. intensiviert.
- Die Teilnehmerinnen bekundeten am Ende der Woche ein großes Interesse daran, wieder an einem solchen Camp teilzunehmen. Dies ist ein deutlicher Indikator für den Erfolg versprechenden Beginn der Umsetzung des Konzepts. Die Inhalte des Camps ermöglichten damit, wie angestrebt, eine für die Mädchen geschlechtersensible, freudvolle und erfolgreiche Begegnung mit dem Thema Fußball.

Fazit und Ausblick

Fazit

Begeisterung für die Sportart Fußball ausgelöst

Das hier geschilderte Konzept eines Mädchen-Fußballcamps kann, gemessen an den Rückmeldungen der Mädchen und der Trainerinnen, als gelungen bezeichnet werden. Es bedarf allerdings weiterer Erprobungen in der Praxis. Die Mädchen zeigten während des Camps sehr hohes Engagement und waren mit viel Freude dabei. Sie konnten ihre fußballerischen, persönlichen und sozialen Fähigkeiten weiterentwickeln. Die verschiedenen Differenzierungsangebote im Kurs berücksichtigten dabei die unterschiedlichen Leistungsniveaus der Mädchen und ermöglichten eine individuelle Förderung. Die im Mädchenfußballcamp durchgeführten Themen waren so ausgewählt und gestaltet, dass sie den Bedürfnissen und Interessen der Mädchen entsprachen und ihnen die erwünschte Auseinandersetzung mit dem Phänomen Fußball ermöglichten. Dies trug wiederum zur Motivation der Mädchen bei und löste geradezu eine Begeisterung für diese Sportart aus.

Folgeprojekte wurden realisiert und sind in Arbeit

Am Institut für Sportwissenschaft und Sport der Universität Erlangen-Nürnberg wurden im Anschluss an dieses Buch zum Mädchenfußball verschiedene Projekte im Rahmen von Examensarbeiten erprobt, dokumentiert und evaluiert. So hat z. B. Michael Huber in seiner Arbeit „Mädchen entdecken Fußball als ihr Spiel. Ein Lehrgang für Hauptschülerinnen im ländlichen Bereich – ein empirische Feldstudie in Kooperation mit Schule und Verein" (unveröffentlichtes Manuskript, 2008) einen Fußballkurs durchgeführt. Unterstützt von der Sportlehrerin der Mädchen, vom Schulleiter, vom örtlichen Verein und vom bayerischen Fußballverband hat er die oben beschriebenen Übungs- und Spielvorschläge, zugeschnitten auf diese besondere Zielgruppe, getestet, variiert und zum Einsatz gebracht. Die in der Arbeit dargelegte Dokumentation seiner Erfahrungen (einschließlich genauer Zeichnungen zu den Spielformen) zeigt einen erfreulichen Erfolg. Nicht nur die Realisierung eines mitreißenden und spannenden öffentlichen Turniers war Höhepunkt des Vorhabens, sondern auch die Nachhaltigkeit des Fußballengagements der Mädchen ein positiver Effekt. Der Verein eröffnete im Anschluss an das Projekt eine Mädchenfußball-Abteilung.

Dokumentation auf DVD

Markus Binder und Sebastian Knüttel haben Mädchen einer 7. Klasse Gymnasium in das Fußballspielen eingeführt. Sie haben drei Unterrichtseinheiten zu den Themen „Der Ball – mein Freund", „Miteinander spielen – auf den Geschmack kommen durch einfache Spielformen" und „Passen und Stoppen – üben und verbessern" realisiert. Diese Stunden wurden auf DVD dokumentiert und im Sinne des genetischen Vermittlungskonzepts strukturiert und erläutert. Der Film stellt eine anschauliche und lohnenswerte Informationsquelle für Sportstudierende und Lehrkräfte dar, die sich mit diesem Konzept befassen wollen. Weitere schriftliche Hausarbeiten sind im Entstehen. Junge Mädchen und Frauen können durch Konzepte dieser Art zur Anfängerschulung (adressatenorientiert, geschlechtersensibel, problem- und handlungsorientiert, ganzheitlich) für diese vielseitige und faszinierende Sportart Fußball gewonnen werden und profitieren ganz nebenbei von der positiven Wirkung auf ihre Entwicklung und ihre

Identität. Damit wurden Prozesse des Empowerment eingeleitet, nämlich die Ermöglichung einer aktiven Sportspielpartizipation der Zielgruppe.

Soziales Gefüge während eines Camps ist wichtig für Mädchen

Einen weitern Beitrag zum Erfolg des Camps lieferte der stabile und konstante soziale Rahmen, der auch einen Bestandteil des Konzepts darstellt. Dieser zeigte im Verlauf der Zeit, wie erhofft, seine Bedeutung für die stattfindenden Lernprozesse. Den Teilnehmerinnen fiel es leicht, die gestellten Aufgaben innerhalb des vorherrschenden sozialen Arrangements, mit festen Bezugs- und Lehrpersonen und gleich bleibenden Gruppengefügen, zu bewältigen. Die über den Zeitraum entstandenen Beziehungen zu Trainerin und Teammitgliedern, also das soziale Gefüge, in dem sich die Mädchen bewegten, bewirkte ein Gefühl des Rückhaltes, der Zugehörigkeit und damit der Sicherheit, welches ihnen erlaubte, sich auf Neues einzulassen und ihre eigenen Grenzen zu erforschen oder sogar zu verschieben. Die gemeinsamen Reflexions- und Gesprächsphasen, Übungsformen, Wettkämpfe und die gemeinsam gestalteten Pausen trugen ebenfalls zur Entstehung einer positiven Lernumgebung für die Teilnehmerinnen bei. Es ist deshalb Wert auf die Konstruktion einer geeigneten sozialen Umwelt im Rahmen einer adressatengerechten und handlungsorientierten Begegnung mit dem Fußball zu legen, um optimale Lern- und Entwicklungsbedingungen für die Mädchen herzustellen.

Aufgrund der gemachten Erfahrungen, können allerdings die Rahmenbedingungen bei weiteren, ähnlichen Projekten optimiert werden.

Verbesserungsvorschläge zusammengefasst

- Dazu gehört *erstens,* dass die Mädchen Stück für Stück mit einer selbstständigen, problem- und handlungsorientierten Vorgehensweise vertraut gemacht werden sollten.
- *Zweitens* sollte berücksichtigt werden, dass die einzelnen Tage nicht zu intensiv sind, um Ermüdungserscheinungen und Konzentrationsdefizite bei den Teilnehmerinnen zu vermeiden. Angestrebt werden sollte eine ausgewogene Mischung aus körperlich aktiven und passiven Elementen, sowie Elementen der Freizeit, als Ausgleich für die Mädchen.
- *Drittens* ist zu empfehlen, dass ein solches Anfänger-Camp in annähernd homogenen Gruppen stattfindet. Erfahrene Spielerinnen brauchen andere Anregungen und Lernangebote. Um aber als „Patinnen" die Neuen zu begleiten und zu stärken, sollten sie durchaus zu einem späteren Zeitpunkt in den Lernprozess integriert werden.

Festzuhalten bleibt, dass es gelungen ist, für die Spielerinnen interessante, erfolgreiche und freudvolle Tage zu gestalten, die einen deutlichen Lernfortschritt hervorbrachten.

Ausblick

Das entwickelte Konzept und die Umsetzung „Mädchenfußballcamp" **Wo geht** ist exemplarisch als Möglichkeit für Vereine und/oder Schulen oder **der Weg hin?** deren Kooperation zu verstehen. Dabei soll den Mädchen das Fußballspiel adressatengerecht nahe gebracht werden. Die geschilderten Ideen und Anregungen sind vielfach wandel- und einsetzbar. Sie können z.B. als Einzelstunden ausgegliedert und in einem kleineren Rahmen angewandt werden. Die Umsetzung kann als Projektwoche in Schulen für Unter- bzw. Mittelstufen stattfinden oder als Schnupperwoche eines Vereins. Denkbar ist es auch, die Inhalte über einen längeren Zeitraum umzusetzen, mit Einheiten einmal pro Woche.

Der entworfene Ansatz des Mädchenfußballcamps mit seinen pädago- **Andere Sportspiel-** gischen Leitlinien, kann auch in anderen Sportarten angewandt wer- **arten profitieren** den. Die Anfängervermittlung im Handball oder im Basketball kann ebenfalls nach dem sportspieldidaktischen Konzept des genetischen Lehrens und Lernens gestaltet werden. Die Spielerinnen erfahren dann entsprechend ihrer Bedürfnisse, Vorerfahrungen und Interessen, eine ganzheitliche Begegnung mit dem Sportspiel. So kann, wie im Mädchenfußballcamp geschildert, auch bei anderen Sportspielen die Faszination des Spielens erlebt, erfasst und für sich selbst als wertvoll eingestuft werden.

Auch in der Arbeit mit Jungen sind vergleichbare, handlungsorientierte **Modell auch** Ansätze einsetzbar, um einseitige geschlecht- und sportbezogene **für die Arbeit** Erfahrungen, wie sie durch die soziale Konstruktion von Geschlecht in **mit Jungen** der Gesellschaft entstehen, auszugleichen.

Die sportspieldidaktischen Ansätze dieses Buches können und sollen auf andere Bereiche übertragen werden. So kann die beschriebene, handlungsorientierte Lehrweise weiter voran gebracht werden. Das ist ein Weg, um Heranwachsenden individuelle Hilfestellungen für ihre Entwicklung zu geben und ihnen neue und wertvolle Erfahrungsräume durch das Spielen zu eröffnen.

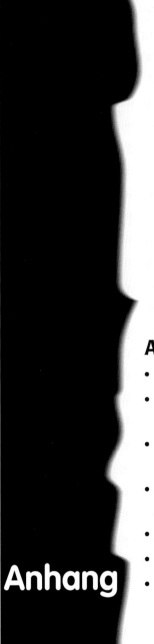

Anhang

- Zeiten Biathlonstaffel
- Turnier mit vier Mannschaften – Jeder gegen Jeden
- Turnier mit vier Mannschaften – K. 0.-System
- Selbstorganisation eines attraktiven Fußballspiels
- „Unser Fußball"-Mindmapping
- Musiklisten
- Literaturverzeichnis

Zeiten Biathlonstaffel

	Lauf 1	Lauf 2	Lauf 3	Gesamt	Platz
Team Gelb					
Team Rot					
Team Blau					
Team Bunt					

Turnier mit vier Mannschaften – Jeder gegen Jeden

Spielnummer	Name Mannschaft 1	Name Mannschaft 2	Ergebnis
1.	Team 1	Team 2	:
2.	Team 3	Team 4	:
3.	Team 1	Team 3	:
4.	Team 2	Team 4	:
5.	Team 1	Team 4	:
6.	Team 2	Team 3	:

Platz	Mannschaft	Spiele	Tore	Punkte
1.				
2.				
3.				
4.				

Turnier mit vier Mannschaften – K. O.-System

Halbfinale

Spielnummer	Name Mannschaft 1	Name Mannschaft 2	Ergebnis
1.	Team 1	Team 2	:
2.	Team 3	Team 4	:

Spiel um Platz 3

Spielnummer	Name Mannschaft 1	Name Mannschaft 2	Ergebnis
3.	Team	Team	:

Finale

Spielnummer	Name Mannschaft 1	Name Mannschaft 2	Ergebnis
4.	Team	Team	:

Platzierungen

Platz	Mannschaft
1.	
2.	
3.	
4.	

Selbstorganisation eines attraktiven Fußballspiels

Spielgerät	
Spielfeld	
Tore	
Regeln	
Mannschafts-einteilung	

‚Unser Fußball"-Mindmapping

Aufgabenstellung:

Entwerft in den einzelnen Gruppen bitte Collagen zum Thema Fußball. Es geht dabei darum, „Euren Fußball" bildlich darzustellen. Ihr sollt Eure Sichtweise des Fußballsports wiedergeben!!!!

Euren Ideen sind keine Grenzen gesetzt!!!

Als Anregung: Ihr könnt z. B. ausdrücken:
- Was Ihr am Fußballsport besonders toll und einmalig findet.
- Welche Vorbilder, Idole und Stars Ihr habt.
- Welche Teams (regional, national, international) Ihr toll findet.
- Was Ihr verändern würdet, damit der Fußball für Euch interessanter bzw. attraktiver wird.
- Welche Wünsche Ihr bezüglich des Mädchen- und Frauenfußballs habt.
- Was Ihr gerne durch das Fußballspielen erreichen möchtet.

Ihr könnt eure Sichtweise folgendermaßen wiedergeben:
- Ausgeschnittene Texte.
- Selbst geschriebene Texte.
- Ausgeschnittene Bilder.
- Selbst gemalte Bilder.

Dazu könnt Ihr die zur Verfügung gestellten Materialien verwenden.

Viel Spaß!!

Musikliste Unterricht

Nr.	Titel	Interpret
1.	I get no doubt	Chumbawamba
2.	Stop the rock	Apollo Four Forty
3.	Müssen nur wollen	Wir sind Helden
4.	Spirit in the Sky	Gareth Gates
5.	Paranoid	Green Day
6.	When you´re gone	Bryan Adams & Melanie C.
7.	Rock DJ	Robbie Williams
8.	Living on a Prayer	Bon Jovi
9.	Californication	Red Hot Chili Peppers
10.	Jessie´s Girl	Rick Springfield
11.	Snow (Hey Oh)	Red Hot Chili Peppers
12.	Disco 2000	Pulp

Musikliste Abschlussturnier

Nr.	Titel	Interpret
1.	Country Roads	Verschiedene Künstler
2.	I will survive	Hermes House Band
3.	We are the champions	Queen
4.	The winner takes it all	Abba
5.	Played a live	Safri Duo
6.	We will rock you	Robbie Williams & Queen
7.	Love Generation	Bob Sinclar + Goleo
8.	Zeit, dass sich was dreht	Herbert Grönemeier
9.	54, 74, 90, 2006	Sportfreunde Stiller
10.	Danke	Xavier Naidoo

Literaturverzeichnis

Balz, E. & Dietrich, K. (1996). Fußball – ein Spiel in Spannungen. *Sportpädagogik, 20* (1), 21-28.

Binder, M. & Knüttel, S. (2008). *Fußballspielen – Einführung für Mädchen einer 7. Klasse – Gymnasium.* Unveröffentlichte Zulassungsarbeit. Universität Erlangen-Nürnberg.

Bordieu, P. (2005). *Die männliche Herrschaft.* Frankfurt: Suhrcamp.

Bortz, J. & Döring, N. (2003). *Forschungsmethoden und Evaluation für Human- und Sozialwissenschaftler.* Berlin: Springer.

Deutscher Fußball Bund (DFB): *DFB-Mitgliederstatistik,* 2008.

Deutscher Fußball Bund (DFB): *DFB-Mannschaftsstatistik,* 2008.

Deutscher Fußball Bund (2008). *Spielen und Bewegen mit Ball – Handreichung für das Fußballspielen in der Grundschule.* Frankfurt: Braun & Sohn.

Diketmüller, R. (2004). Kick it like Beckham. *Sportpädagogik, 28* (3), 46-49.

Hirschberger, K. (2006). *Das Mädchenfußballcamp – Mädchen erleben und lernen Fußball. Ein handlungsorientiertes und adressatenbezogenes Konzept.* Unveröffentlichte Zulassungsarbeit. Universität Erlangen-Nürnberg.

Huber, M. (2008). *Mädchen entdecken Fußball als Ihr Spiel! Ein Lehrgang für Hauptschülerinnen im ländlichen Bereich – eine empirische Feldstudie in Kooperation mit Schule und Verein.* Unveröffentlichte Diplomarbeit. Universität Erlangen-Nürnberg.

Hyballa, P. (2002). „Bereits beim Aufwärmen den Rhythmus finden!" *Fußballtraining, 20* (1), 30-31.

Kolb, M.(1996). Klatschfußball – ein Hand-Fuß-Jäger-Ballspiel. *Sportpädagogik, 20* (5), 18.

Kröger, C. & Roth, K. (1999). *Ballschule. Ein ABC für Spielanfänger.* Schorndorf: Hofmann.

Kugelmann, C. (2002). Geschlechtssensibel unterrichten – eine sportdidaktische Herausforderung. In C. Kugelmann & C. Zipprich (Hrsg.), *Mädchen und Jungen im Sportunterricht. Beiträge zum geschlechtssensiblen Unterricht.* (S. 11-20). Hamburg: Czwalina.

Kugelmann, C. & Sinning, S. (Hrsg.). (2004). Mädchen spielen Fußball. *Sportpädagogik, 28* (3), 4-12.

Kugelmann, C. & Weigelt Y. (2006). Kathrin Lehmann. „Ich spiele aus Leidenschaft" In C. Boeser & B.Schaufler (Hrsg.), *Vorneweg und Mittendrin* (S. 31-42). Königstein: Ulrike Helmer.

Kugelmann, C, Röger, U. & Weigelt, Y. (2006). Zur Koedukationsdebatte: gemeinsames oder getrenntes Sporttreiben von Mädchen und Jungen. In I. Hartmann-Tews & B. Rulofs (Hrsg.), *Handbuch Sport und Geschlecht* (S. 260-274). Schorndorf: Hofmann.

Kugelmann, C. & Möhwald, M. (2006). *Begleitstudie zum DFB Mädchenfussball-Programm.* Unveröffentlichter Projektbericht. Universität Erlangen-Nürnberg.

Kugelmann, C., Röger, U. & Weigelt-Schlesinger, Y. (2008) *Mädchenfußball unter der Lupe.* Hamburg: Czwalina.

Kugelmann, C. (2007). Fußball – eine Chance für Mädchen und Frauen. In G. Gdawietz & U. Kraus (Hrsg), *Die Zukunft des Fußballs ist weiblich – Beiträge zum Frauen- und Mädchenfußball.* (S. 33-51). Aachen: Meyer & Meyer.

Kunz, E.: „Rhythmus im Fußballtraining" In: *Sportpädagogik* (2004) 3, 13-15.

Loibl, J. (2001). *Basketball Genetisches Lehren und Lernen*. Schorndorf: Hofmann.

Möhwald, M. & Hirschberger, K. (2006). Drei gewinnt! Ein Fußball-Triathlon für Mädchen *Sportpädagogik, 30* (3), 18-22.

Mosebach, U. (2005): Kantenfußball und Kartonhockey – Alte Spiele neu kreiert. *Sportpä dagogik, 29* (3), 22ff.

Roth, K., Kröger, Ch. & Memmert, D. (2002). *Ballschule Rückschlagspiele*. Schorndorf Hofmann.

Scherer, H.-G. (2001). Zwischen Bewegungslernen und Sich-Bewegen-Lernen. *Sportpäda gogik, 25* (4), Sonderheft, 1 – 24

Sinning, S. (2003). *Fußball lehren und lernen*. Handlungsökologische Hintergründe eine spielbezogenen Vermittlungskonzepts. Hamburg: Dr. Kovac.

Wagenschein, M. (1991). *Verstehen Lernen*. Weinheim und Basel: Beltz.

Weigelt,Y., Schlesinger,T & Roschmann, R. (2004). *Management frauenspezifischer Sport veranstaltungen*. Stadtsportbund Chemnitz e. V., Wilkau-Haßlau: Zschiesche.

Weigelt, Y. & Kratz, J. (2006). Von der Copacabana an die Schule – Beach-Soccer ist meh als Fußball im Sand. *Sportpädagogik, 30* (3), 10-12.

Weigelt, Y. & Schlesinger, T. (2006). Der mit dem Ball tanzt – Fußball rhythmisch erlerne und erleben. *Sportpädagogik, 30* (3), 28-31.

Weigelt, Y., Klupsch-Sahlmann, R., Christoph, N., Adler, K., Erdtel, M. & Houtzager, A (2006). Forum Ideenmarkt – Hacky Sack & Co. *Sportpädagogik, 30* (3), 60-61.

Wein, H. (2007). *Developing Youth Football Players: Tap the full potential of your youn footballers*. Leeds: Human Kinetics.

Wolters, P. (2000). Wettkämpfen. *Sportpädagogik, 24* (2), 2-10.

Zimmerman, M. A. (1995). Psychological empowerment: Issues and illustrations. *America Journal of Community Psychology, 23*, 581-599.

Zimmermann, M. A. (2000). Empowerment Theory. Psycholgical, Organizational and Com munity Levels of Analysis. In J. Rappaport & E. Seidman (Eds.), *Handbook of Commu nity Psychology* (pp. 43-63). New York: Kluwer Academic/ Plenum Publishers.